JN115338

Q&Aで
サクサクわかる
金融の世界

大村 博 著

ビジネス教育出版社
BUSINESS KYOIKU SHUPPANSHA

はじめに

　2019年末に発生したコロナ禍が、いまだに世界規模で想定外の甚大な被害をもたらし続けています。ほかにも米中対立や英国の欧州連合（EU）離脱、北朝鮮動向、中東・ロシア・香港情勢、日本で言えば日韓関係等々、あらゆる分野において極めて深刻な問題が世界規模で多発しています。もちろん、こうした問題は金融にも大きな影響を与えます。

　しかも金融への影響は、これだけではありません。IT化によって経済のグローバル化が急速に進む現在、地政学リスクやICT（情報通信技術）を駆使したフィンテックと呼ばれる革新的な金融商品・サービスの誕生など、金融を取り巻く環境は劇的に変化しています。もはや「従来の金融常識は通用しない」と言っても過言ではない状況にあります。

　この不確実な時代に、私たちは金融に関してどのようなスキルを身につければよいのでしょうか。「知の巨人」「マネジメントの父」と称された経営学者のピーター・ドラッカーは、次のように言っています。『未来を語る前に、現実を知らなければならない。なぜなら、そこからしかスタートできないからだ』『変化はコントロールできない。できるのは、その先頭にたつことだけである』と。

　つまり、「現実を直視することで、未来の予兆を感じ取れ」とドラッカーは言っているわけですが、それには自ら積極的に株式や債券、為替、商品などの「国際金融取引」のリテラシー（LITERACY：知識・理解力・判断力）を身につける必要があります。そして、その知識をベースに様々な情報を結びつけることによって、現実を的確に把握するしかないのです。東京都が「国際金融都市」を標榜し、アジアに確固たる礎を築こうとしているのも、世界規模で変貌を遂げる都市間競争に生き残るためなのです。

確かに今の世の中、新聞をはじめテレビ、雑誌など、さまざまなメディアが金融や投資の話題を取り上げています。IT（情報技術）と金融が融合したフィンテック（FINTECH）をはじめ、電子マネーやQR コードなどのキャッシュレス決済、コロナショックや米中対立に起因する株価・為替相場の乱高下、中央銀行発行のデジタル通貨（CBDC）、米フェイスブックの暗号資産「リブラ」、米連邦準備理事会（FRB）や欧州中央銀行（ECB）の金利引き下げ、日銀（BOJ）の終わらない異次元緩和政策、米ドルやユーロをはじめとした外貨預金・外債での運用、金価格の高騰、コロナ危機により大暴落に見舞われた原油等々、国際金融取引に関する話題をあげれば枚挙にいとまがありません。

　何故こんなにも国際金融に関する事柄が多くなったのでしょうか？その理由は、何といっても情報技術革命、いわゆる IT 革命によるところが大です。具体的には、通信技術の発達によってグローバリゼーションが進展し、世界中の金融機関や機関投資家が預金や貸出、投資などの国際的な金融取引を瞬時にできるようになったこと、また個人が簡単にインターネットやスマートフォンなどを通じて金融情報を収集し、海外の金融機関と取引ができるようになったことなどによって、金融の国際化が一気に進んだのです。

　本書は、こうした状況下にある国際金融について、お金の誕生から国際金融の仕組みまで、Ｑ＆Ａ方式で具体的かつ分かりやすく解説しました。これから金融の世界で活躍したいと思っている人はもちろん、世界を相手にビジネスを行いたい、老後に備えて資産運用・形成をしてみたいと考えている人など、金融に関心のある多くの方々が、本書を通じて未来の予兆を感じ取っていただければ、筆者として望外の喜びです。

2020 年 9 月

大村　博

目　次

第4章：国内金融と国際金融の違いってなに？

第5章：金融商品にはどんなものがあるの？

第6章：為替と相場の関係とは？

第7章：国際収支はどんな構造をしているの？

第8章：国際通貨制度と体制について

第9章：法制度と諸規制について

第10章：資産運用の心得

第1章

お金、貨幣、通貨ってなに？

1 お金（通貨、貨幣）とは？

Q 我々の生活になくてはならないものが、お金です。お金の一種として、ビットコインやリブラなどの暗号資産（仮想通貨）が話題になっていますが、そもそも、お金とは何なのでしょうか？

A モノやサービスとの交換に用いられる「お金」を、経済用語では通貨、または貨幣と呼びます。通貨は、現金通貨と預金通貨に大別され、前者は紙幣・硬貨、後者は普通預金・当座預金などの決済口座のことです。また、「貨幣」とは、本来、物々交換に因らず、モノに代用できるだけのもののことを意味しました。

＜解　説＞

1．お金の定義

　お金（MONEY）は、モノやサービスとの交換に用いられるものです。物々交換が進化したものとも言えます。古代の人は、欲しい物を手に入れるとき、物々交換を行っていました。しかし、お互いに必要な物を持っている相手を探すのは容易ではありません。特に大きな物の交換は大変です。そこで、どんな物とでも交換できる価値を持った交換手段として、お金・貨幣・通貨が考えられたのです。

　また、お金は、「経済・産業」の血液です。人間における水と空気、交通における鉄道・バスと同じ働きをします。

　ちなみに1万円札を印刷するのにどれくらい費用がかかるかというと、22円です。では、どうして22円の単なる紙が1万円として使えるのでしょうか、それは人間と人間との関係の中で、そういうものであるということを皆が信じているからなのです。

＜お金の変遷＞

2．お金の持つ３つの役割

お金が持つ役割は、次の３つです。

①価値の貯蔵：将来のために価値を蓄えておくことができます。

②交換・支払の手段：自分の欲しいものと同じ価値の分だけお金を支払えば、欲しい商品・サービスを欲しい量だけ手に入れることができます。

③価値の尺度：さまざまな商品・サービスの価値をお金に置き換えることで、すべての価値を一つの基準で比較することができます。お金は、商品・サービスの価値を測る共通のモノサシとしての役割を果たしています。

3．具体的なお金

お金には、以下のようなものがあります。

①現金（CASH）：紙幣（BILL）、硬貨（COIN）

②預貯金：銀行や信用金庫、JA の普通預金・定期預金、郵便局（ゆうちょ銀行）の貯金、キャッシュカードなど

③有価証券：手形、小切手、株券、国債、地方債、社債など

④その他：クレジットカード、デビットカード、電子マネー、ポイント、マイレージ、プリペイドカード、図書カード、クオカード、商品券、ビール券、切手、印紙、金・銀（かつては、金本位制や銀本位制があった）、暗号資産（仮想通貨）ビットコイン、デジタル人民元・リブラなどのデジタル通貨　等々。

2 デジタル通貨（暗号資産、仮想通貨）

> **Q** ビットコインやリブラ、デジタルユーロなどを総称してデジタル通貨と言います。どういう通貨なのでしょうか？

> **A** インターネット上でやり取りする電子記録に基づくお金の総称で、暗号資産とステーブル通貨の２つに部分されます。

＜解　説＞

1. 暗号資産（仮想通貨：VIRTUAL CURRENCY）

　仮想通貨は 2008 年に発明された新しいお金で、代表的なものにサトシ・ナカモトが考案したビットコインがあります。2009 年に流通し始め、現在インターネット上を自由自在に駆け巡るお金として世界中で利用されています。なお、呼称については、主要20カ国・地域（G20）の会議において、円やドルなどの法定通貨と同様な資産と誤解されるのを防ぐため暗号資産と称することとされました。日本も 2019 年に資金決済法と金融商品取引法を改正し、暗号資産（CRYPTO-ASSET）と名称を変更しています。

　暗号資産は、インターネット上で取引される投資商品の１つで、値動きが激しく、価値を裏付ける資産が存在しません。そのため改正法では、投資家保護を目的に暗号資産を FX（外国為替証拠金取引）と同種の金融商品と位置付けるとともに、証拠金倍率に関する規制が導入されました。また、顧客の資産を安全に確保するよう、ネットワークから切り離した形で補完することが業者に義務付けられました。

　実際にビットコインの値動きは激しく、2017 年に１ビットコイン＝200 万円超の最高値をつけましたが、規制強化や不正流出などによ

＜デジタル通貨・リブラ＞

り、2018年末には30〜40万円程に低迷しました。しかし、再び盛り返し、現在は110〜120万円で取引されています。そのためベネズエラなど、政情が不安定な国の中には、自国通貨建て資産を株式市場からビットコインに替える国も出てきています。いずれにしても、暗号資産は送金が簡単な一方、匿名性が高く不正利用のおそれがあります。国家からの独立という性格が強調される半面、価格が大きく変動しやすいため投機対象になっても、決済手段としては限界があります。

2. デジタル通貨

　デジタル通貨には、ビットコインなど価値変動が大きい暗号資産の他に、既存通貨を裏付けとすることで価値を安定させるステーブル通貨があります。まだ検討段階ですが、代表的なものに米国のIT大手フェイスブックのリブラ、中国人民銀行のデジタル人民元、欧州連合（EU）のデジタルユーロがあります。いずれも主要通貨建ての預金や国債などを組み合わせた裏付け資産を持つため、米ドルや日本円などの法定通貨との交換比率が乱高下するリスクは限定的です。

　たとえばリブラは、世界で20億人以上が利用するフェイスブックが提供するため、一気に普及する可能性があります。しかし、それには乗り越えなければいけない多くの課題が存在します。資金洗浄やテロ資金の供与対策、消費者情報の保護、サイバー攻撃対応、公正な競争の維持など、様々な課題が指摘されています。

3 キャッシュレス決済

Q クレジットカードや電子マネー、スマートフォンアプリを使ったキャッシュレス決済が話題になっています。どのような決済方法なのでしょうか?

A その名の通り、現金を使わない代金決済のことで、日本でも急速に進展しています。それぞれのメリットは、以下の通りです。

<解 説>

1. キャッシュレス決済とは?

　現在、キャッシュレス決済にはクレジットカード（デビットカードを含む）、電子マネー、QR コードの 3 つの決済方法があります。主なメリットは、「財布を持ち歩く必要がない」「ATM を探す手間が省ける」「家計簿アプリと連動させるとお金の出し入れが見えて管理がしやすい」「カードを紛失したり、盗難にあっても補償される措置がある」などです。しかし、現金志向が根強い日本はいまだにキャッシュレス決済比率20%と、以下の国々に大きく引き離されています。

<各国のキャッシュレス決済比率の状況 (2016 年)>

韓国	96%	スウェーデン	52%
英国	69%	米国	46%
中国 (参考値)	60%	フランス	40%
オーストラリア	59%	日本	20%
カナダ	56%	ドイツ	16%

2. クレジットカード決済 (デビットカードを含む)

　キャッシュレスの元祖で、最も長い歴史があります。お店で暗証番号を入力、あるいはサインをする。WEB でカード番号を入力すれば

買い物ができます。代金は一定期間後、デビットカードの場合は即時預金口座から引き落とされます。発行には審査が必要で、カード会社によっては年会費が掛かります。最近はキャッシュカードだけでなく、電子マネー、ポイント機能なども付いた多機能タイプも登場し、スマホ決済に連携させることで、ポイントを貯めることができます。

　また、海外での支払手段に外貨預金の多通貨カード（現在 10 種類以上の通貨で支払可能）を利用する人も増えています。両替の手数料が抑えられるだけでなく、海外での利用額や外貨預金残高などに応じて、航空会社のマイル付与やキャッシュバックの特典が受けられます。いわゆる外貨普通預金口座から引き落とされるデビットカードです。

3．電子マネー決済

　交通系と流通業などの非交通系のカードがあります。多くの企業が独自に発行しているデジタル・マネーで、専用のカードにあらかじめチャージして使用する前払い方式の決済手段です。信用審査などが無くてもカード作成が可能で、スーパーやコンビニ、交通機関の改札機や売店などでカードリーダーにタッチして支払います。スマートフォンをタッチして利用するタイプもありますが、機能は同じです。

4．QR コード決済

　スマートフォンのアプリに、現金をチャージしたり、銀行口座やクレジットカードの番号を登録しておき、商品を買うときに QR コードを読み込んで支払を済ませる仕組みです。QR コード決済の強みは、スマホだけで買い物が完結する便利さに加え、購入履歴が保存されるためレシートが無くても自分の買い物を確認できる点です。
店側にとっても端末機などが不要でスペースも取らず、導入しやすいというメリットがあります。それぞれの事業者が、ポイント還元やキャッシュバックといった独自のキャンペーンを相次いで打ち出すなど、利用者にとって選択の幅が一気に広がりそうです。

4 日本円

Q 外国為替市場では、常に円高・円安が話題なります。現在、日本円は国際的に安全・安心な資産と言われていますが、その根拠は何なのでしょうか？

A その理由として、投資家が日本円を自由に取引ができること、日本の対外資産が潤沢であること、民族や宗教の紛争・対立がなく政情が安定していること、日本のおもてなし文化が世界的に高い評価を得ていることなどが挙げられます。

＜解　説＞

1．国が破綻する恐れは非常に低い

　国際金融市場では、通貨の発行国が取引に規制を設けず、投資家が自由に取引できることが、その通貨への信頼につながります。それは、株価の急落など市場が混乱した際、売り買いしやすいかが重要なポイントになるからです。現在、米ドルやユーロ、日本円、英ポンド、スイスフランなどが比較的安全・安心な通貨と見做されていますが、そのなかでも、日本円とスイスフランは「安全通貨（資産）」、「逃避通貨」と呼ばれ、独特の地位を占めています。

　また、日本の政府や企業、個人が海外に持つ対外資産が、国内企業による海外企業の買収などにより、2018 年末時点で 1,018 兆円と過去最高を更新する一方、対外債務は 676 兆円に過ぎません。その結果、資産から債務を差し引いた対外純資産は 341 兆円となり、これは 28 年連続で世界最大の純債権国を意味します。こうした現状に鑑みれば、国が破綻する恐れは非常に低いと考えられます。

2．安定した政情とおもてなし文化

　民族や宗教の紛争・対立がなく、政情が安定していることも重要な要因です。しかも、2千年以上にわたって国家を営んできました。このことは、世界史上の奇跡と言っても過言ではないのです。日本の歴史がどれだけ長いかは、他の国と比較すると一目瞭然です。たとえば、日本に次いで長い歴史を持つ国はデンマークですが、そのデンマークでさえ、建国から千数十年と日本の半分以下です。ちなみに第3位は英国で千年未満、米国にいたっては未だ240年に過ぎません。

　近現代に限らず、本来的に国家は脆弱です。世界史の年表を見ても、200年以内に滅びる国が大半で、5百年以上続いた国は数えるほどしかありません。島国という利点はあるものの、日本は歴史的に見ても極めて特異な存在なのです。

　文化面でも、おもてなしを中心に世界的に高い評価を受けています。たとえば、米国の大手旅行雑誌『トラベル＋レジャー』の人気観光都市ランキング・トップ10に京都市は、2014年と2015年に2年連続で世界1位に選ばれています。この順位付けは、文化や芸術、食事、風景など、さまざまな項目の総合評価で行われており、京都や東京を要する日本は間違いなく世界のトップクラスと言えます。

　ほかにも、下表にある優位性を指摘することができます。

＜日本のアドバンテージ＞

①東京外国為替市場は、ロンドン市場、ニューヨーク市場と並び、世界三大市場の一つであり、大きな取引量を誇っています。
②日本の「モノづくり」には定評があり、自動車や電子機器だけでなく、農産物や食品、化粧品が海外で人気になっています。
③通貨が高くなる（強くなる）ということは、国の価値が上がることであり、強い円は日本の国益です。
④「危機に備えて外貨資産を保有せよ」と言う人がいますが、欧米人のように外国を転々とする日本人はごく少数なので、為替リスクを取らず、円で持っているのがベストです。

5 ドル（DOLLAR）

> **Q** 単にドルといえば、世界の基軸通貨である米ドルを指します。このドルという呼称は、米国の母国である英国と関係があるのでしょうか？

> **A** ドルという呼称の源は、米国でも英国でもありません。ドルの母国はチェコです。同国のボヘミアにある鉱山の町、サンクト・ヨアヒムスタールにあります。

＜解　説＞

1．ドルの母国はボヘミア

16世紀初め、ボヘミア（現在のチェコ）のザンクト・ヨアヒムスタール（現在のヤーヒモフ）で銀山が発見され、その地で銀貨が鋳造されるようなりました。当初、鋳造された銀貨は、「ヨアヒムスターラー（JOACHIMSTHALER）」と呼ばれていましたが、ほどなくして「ターラー（THALER、TALER）」と短縮して呼ばれるようになります。

この「ターラー」は大型で見栄えが良く、品位もあったため、銀貨にもかかわらず金貨と等価に扱われました。そのため16世紀後半には、ドイツやオーストリアでも造られるようになり、ヨーロッパ規模での商業圏の拡大と相まって、広く普及するようになりました。

もちろん呼称は国ごとに違い、たとえば、オランダでは「ダアルダー（DAALDER）」、英国では「ダラー（DOLLAR）」と呼ばれました。

ターラーは、もともと品質の良さで知られた銀貨です。それがヨーロッパで広く普及するようになったことで、ターラーは「良質な貨幣」の代名詞となり、それが英国の植民地だった米国をはじめ世界各地に

渡って「良貨」の意味を込め、自国通貨を「ダラー（日本語ではドル）」と呼ぶようになったのです。

　ちなみに日本では、江戸時代に長崎の出島を通じて「DOLLAR」が伝わりました。当時は、そのまま「ドルラル」読んでいましたが、明治時代に入ってから「ドル」と省略され、現在に至っています。

　現在、通貨単位として良貨の意味を持つ「ドル」を使用している国は数え切れません。米国（アメリカ合衆国）はもちろんですが、ほかにも多くの国が、ドルを通貨名として採用しています。

＜ドルを通貨名としている国＞

カナダ、オーストラリア、ニュージーランド、シンガポール、香港、台湾、ブルネイ、フィジー、ジャマイカ、バハマ、バミューダ、トニダード・トバゴ、リベリア、ケイマン諸島、ソロモン諸島、ツバル　など

2.　オーストラリアドル成立の歴史

　もともとオーストラリアは、母国である英国の通貨を中心としたポンド（POUND）通貨圏に属し、為替相場も英ポンドに連動していましたが1965年、当時のオーストラリアの首相が通貨の名称（通貨単位）を「ロイヤル（ROYAL）」にしたいと提案しました。ほかにも様々な名称案がありましたが、首相の一存により「ロイヤル」となり、オーストラリア準備銀行（中央銀行）は紙幣と硬貨の準備に入りました。しかし、なお国民の不満は強く、急遽「ダラー（ドル）」と名付けることになったのです。

　そして1966年、それまでの1オーストラリアポンドにつき2オーストラリアドルとする為替レートが公示されました。さらに1967年、英国が米ドルに対して英ポンドの切り下げを行った際、オーストラリアはオーストラリアドルを英ポンドに連動させる政策を取りませんでした。こうしてオーストラリアはポンド通貨圏から離脱し、ドル通貨圏に入り、現在のオーストラリアドルに至っています。

6 | ユーロ（EURO）

Q 欧州単一通貨ユーロは、ユーロ圏 19 カ国の通貨ですが、他にもヨーロッパ諸国でユーロを使用している国家があります。どの国だか、ご存知ですか？

A モナコ、バチカン、サンマリノ、アンドラ、モンテネグロ、コソボの 6 カ国でユーロが使われています。

＜解　説＞

1．EU 非加盟の 6 カ国が参加

　ユーロとは、欧州連合（EU）の主要国が採用している共通通貨のことで、1999 年に導入されました。ユーロは、米ドルに次ぐ高い流通性を持っているため、重要な通貨の地位を有し、第 2 の基軸通貨と呼ばれています。1993 年のマーストリヒト条約により単一通貨制度が採用され、まず 1999 年にドイツやフランス、イタリアなど主要国 11 カ国でユーロ圏が発足し、その後、ギリシャなどが参加。現在、EU 加盟国 27 カ国（英国が離脱）のうち 19 カ国が参加しています。

　加盟国以外でも 6 カ国がユーロを法定通貨にしていますが、中央銀行である欧州中央銀行（ECB）に代表を送ることはできません。

＜ユーロを法定通貨にしている国＞

> **EU 加盟国**：ドイツ、フランス、イタリア、スペイン、ポルトガル、オランダ、ベルギー、ルクセンブルグ、オーストリア、アイルランド、フィンランド、ギリシャ、マルタ、キプロス、エストニア、ラトビア、スロベニア、スロバキア、リトアニア　以上 19 カ国
> **加盟国以外**：アンドラ、サンマリノ、コソボ、モンテネグロ、モナコ、バチカン　以上 6 カ国

　なお非参加は、デンマーク、スウェーデン、チェコ、ハンガリー、ブルガリア、ポーランド、ルーマニア、クロアチアの8カ国です。

2. 財政政策の主権が各国に残されている

　欧州連合に加盟し、かつ通貨ユーロを導入している諸国で形成する経済圏のことをユーロ圏と言います。別にユーロゾーン、ユーロランドとも言われ、域内人口は約3億3千万人です。当然、ユーロ圏のすべての国が自国通貨を放棄して、ユーロを導入しています。

　導入されたのは1999年なので、約20年経ちますが、問題がすべて解消された訳ではありません。特に発足当時から問題視されていた、物価の安定など金融政策の運営を欧州中央銀行（ECB）に一任する一方で、財政政策の主権を各国に残すという枠組みが手つかずのまま残されています。つまり、米国や英国、日本のように、独立的な金融政策を打ち出せない状態が、ユーロ導入以来続いているわけです。

　たとえば、ユーロ加盟国は財政赤字を国内総生産（GDP）の3％以下に抑えることが求められていますが、違反しても厳しいルールや罰則はありません。そのため財政が悪化しているにもかかわらずモラルハザード（倫理の欠如）が起こる、あるいは一国の債務不履行（デフォルト）の影響が参加国全体に波及するといったリスクがあります。

　実際に2009年のギリシャの過大な債務が発覚した後、経済基盤が弱いポルトガルやイタリア、スペインなどに飛び火し、欧州債務危機が起きたのは記憶に新しいところです。こうした通貨同盟が抱える矛盾が表面化したことにより、その存在を危ぶむ意見も出されましたが、欧州統合の理念のもとに、ヒト・モノ・サービス・資本の自由な移動などによって域内の経済発展に結び付ける努力が続けられています。

　今後、ユーロを導入する国が増えるかどうかですが、現段階で正式にユーロ導入の予定を表明しているのはルーマニアだけです。ほかにはポーランドとチェコが、次の候補とみられています。

7 | メジャー通貨とマイナー通貨

Q 国際通貨基金（IMF）は、国際通貨のうち、5つの通貨をメジャー通貨として認めています。すべての通貨をご存知ですか？

A 世界最強の通貨である米ドル、1999年に誕生したユーロ、エリザベス女王の英国ポンド、我が日本の円、そして2016年に認定された中国元の5つの通貨が該当します。

＜解　説＞

1．メジャー通貨とは？

　国際通貨基金（IMF：国際間の為替相場や短期金融に関する問題を調整指導するために設けられた機構）は、上記の5通貨、すなわち全世界の基軸通貨である米ドル、ドイツとフランスが牽引するユーロ、かつての盟主イギリスの英ポンド、1980年代にジャパン・アズ・ナンバーワンを誇った日本円、そして中国元の5つの通貨を「メジャー通貨」と認めています。IMF加盟国189カ国は、出資額に応じて、いざという時に資金を引き出せる「特別引き出し権（SDR）」を持っていますが、このSDRの価値は主要5通貨の相場で決められています。

　メジャー通貨は、メジャー・カレンシーや主要通貨とも呼ばれ、国際的な外国為替市場で取引されます。取引量、取引参加者が多いことだけでなく、24時間取引が可能な通貨であることが条件です。

　そのため国際金融取引の世界では、一般的に国際金融市場での取引量が少なく流動性を欠く中国元は除かれ、代わりに中立国を標榜し、安全・安心通貨とされるスイスフランを加え5通貨とされています。また、FX（外国為替証拠金取引）では、取引量の多いオーストラリ

アドル、ニュージーランドドル、カナダドルを加えた8通貨をメジャー
通貨としています。つまり、メジャー通貨とは、市場の流動性があり、
通貨の制度面や信用面で問題が少ない通貨のことを意味します。

＜基軸通貨の条件＞

・通貨価値が安定していること
・高度に発達した為替市場と金融・資本市場を持つこと
・対外取引が容易なこと
・いつでも望む財と交換できること
・戦争などの有事に強いこと

2. メジャー通貨とマイナー通貨

　スポーツ界にメジャーリーグとマイナーリーグがあるように、通貨
の世界もメジャー通貨以外はすべてマイナー通貨です。一般的にマイ
ナー通貨は「その他通貨」と呼ばれ、取引量が少なく、その地域の市
場が閉じると取引ができなくなる恐れがあること、国の為替政策や制
度等の変更によって取引量が極端に減少し、場合によっては取引がで
きなくなるといったリスクがあります。中国人民元やロシア・ルーブ
ル、インド・ルピー、ブラジル・レアル、南アフリカ・ランド、トル
コ・リラなど、限られた地域の市場で取引される通貨が該当します。

　また、流動性が低く、カントリーリスクや為替リスクが高い新興国
の通貨はエマージング通貨と呼ばれ、こうした通貨で取引する場合は、
特に注意が必要です。高い経済成長を背景に大きな利益を期待できる
反面、市場の流動性は不十分ですし、制度の変更や当局の為替規制な
ども課せられやすいので、大きな損失につながる恐れがあります。

　上記の通り、中国元は、IMFにおいてはメジャー通貨ですが、市
場取引上はマイナー通貨です。判断の基本は流動性があるかどうかで
すが、もう1つ制度面や信用面で問題が発生しないことも重要なポイ
ントです。市場において、基本的人権や民主主義を認めない一党支配
の非法治国家の通貨は、メジャー通貨ではないのです。

8 通貨のニックネーム

Q オージー（AUSSIE）といえば牛肉、キウイ（KIWI）といえばフルーツですが、全く違った意味もあります。どんな意味か、お分かりですか？

A オージーとはオーストラリアドル、キウイとはニュージーランドドルのことを言います。ほかにも米ドルをグリーンバックとか単にバック、英ポンドのことをスターリングと言ったりします。

<解 説>

　世界の通貨は、米ドルや英ポンド、日本円のように国名と通貨名で表示しますが、中にはニックネームや別名で呼ばれる通貨もあります。

1. オーストラリアドルとニュージーランドドル

　日常生活では、オージー（AUSSIE、OZZIE、OZ）は牛肉のことで、キウイ（KIWI）はキウイ・フルーツのことを指します。しかし、外国為替取引では、オージーはオーストラリアドル、キウイはニュージーランドドルを指します。理由は、オーストラリアドルやニュージーランドドルは文字数が多く、会話するのに不便だからです。そこで、為替ディーラーや外国為替業務関係者、FX（外国為替証拠金取引）の世界では、通貨にニックネームをつけて呼び合っています。

　たとえば、オージーランドはオーストラリアのことです。また、日本では、オーストラリアドルのことを「ひつじ（羊）」と呼ぶ人がいます。一方、キウイはニュージーランドのシンボルである国鳥（飛べない鳥）で、同国の別名です。キウイ・フルーツ（果物）も、ニュージーランドを代表するフルーツということでつけられました。

2. 米ドル

米ドルは、別にグリーンバック（GREEN BACK）やバック（BUCK）と呼ばれています。BACK は裏のことで、従来の米ドル紙幣の裏面が緑色だったことから、こう呼ばれています。現在の紙幣は両面が緑色ですが、かつての慣わしから、今でもグリーンバックと呼ばれています。ちなみに日本語も、「緑背紙幣」と訳されています。

一方の BUCK は、かつてアメリカ先住民が白人と取引する際に貨幣の代わりに鹿の皮（BUCK）を使ったことに由来します。

3. 英ポンドと中国元

英ポンドの別名は、スターリング（STERLING）です。スターリングには純銀という意味があり、英国がかつて銀本位制だったことの名残りです。今は使われていませんが、昔の外国為替取引がロンドンを中心に張り巡らされた大西洋間のケーブル（海底電線）を使用していたことから、「ケーブル（CABLE）」という別名もあります。

一方、中国元の別名は、レンミンビーです。漢字で書くと「人民幣」となります。中国の中央銀行である中国人民銀行が発行する法定貨幣ということで、このような名前になりました。

4. 日本円

日本人が発音すると「エン」ですが、欧米人が発音すると「イェン」に聞こえ、別の通貨と間違いかねません。この際「サクラ（桜）」や「フジ（富士）」、あるいは「サムライ（侍）」と呼んではどうでしょうか？

第2章

金融と政治経済の関係とは？

9 金融とは？

Q 銀行や郵便局、証券会社、保険会社などを総称して金融機関と言います。この金融とはいったい何なのでしょうか？

A 金融とは、文字通り、お金を融通する、すなわち貸すことです。ただし、これは狭義の金融であり、現在では、もっと幅広く使われています。以下、その広義の金融を詳しくみていきましょう。

＜解　説＞

1．金融の定義

①基本的には、お金が余っているところから足りないところへ融通することを意味します。

②余裕があるお金を運用することや、商品やサービスの購入に伴うお金の支払をすることも意味します。

③株式や債券、投資信託、生命保険、損害保険、外国為替、商品取引（金、白金、銀、原油、ゴム、トウモロコシ、大豆、小豆など）、先物取引、デリバティブ（金融派生商品）、ヘッジファンド、M&A（合併・買収）などのことも意味します。

　上記の通り、金融とはお金に関する商品や取引の総称です。端的にいえば、我々の生活する上で欠かせないものであり、社会をより良くする生活の大事な基盤といえます。

2．金融が持つ3つの役割

①資金調達：足りないお金を他から借りてくることです。その手段として、借入金、株式や社債の発行などがあります。

②資金運用：余ったお金を他に貸したり投資したりして、利子や利息、

配当金を稼ぐことです。但し、昨今のマイナス金利政策により、預貯金における利子や利息では稼げないため、株式や投資信託、FX、金（ゴールド）などに投資することになります。

③決済（為替）：商品やサービスの代金の支払を済ますことを金融の世界では、決済とか為替と呼びます。一般的には、銀行の窓口やATMでの振込で行われますが、アマゾンや楽天、ヤフーのネットでモノを買った場合には、クレジットカードやコンビニでの振込、代引き（代金引換）などで行われます。

2. 金融の種類

①間接金融

銀行はお金を預金という形で調達し、それをまとめて融資（貸出）という形で運用します。この場合、預金というお金は融資という形に変り、どの預金がどの融資に回ったかははっきり結びついていません。このような金融を間接金融といいます。

②直接金融

間接金融に対して、投資家が株式投資をする場合には、投資家自身がどの会社の株を買うか決めますので、お金がどの会社に出資されたかはっきりします。このように、お金の出し手と取り手が直接結びつく形の金融を直接金融といいます。

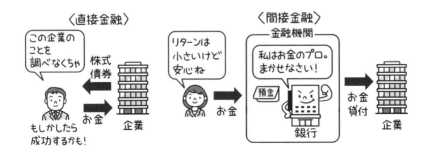

10 金融と政治・経済の関係

Q 金融は経済との関係が強く、よく「金融経済」という四字熟語で表現されます。一方、経済は政治との関連が強く、「政治経済」と表現されます。政治、経済とは、改めて何なのでしょうか？

A 政治とは、社会の様々な問題を解決し、平和や自由、安全、福祉などの社会全体の利益や秩序を実現する制度です。一方、経済とは、人間が生活するために必要な物を生産したり、消費したりするすべての活動のことです。

<解　説>

1. 経済には政治と金融が不可欠

　経済とは、経国済民の略語で、世を経め民を済う（国を治め民を救う）という意味です。人間が生活するために必要なものを生産し、交換し、売買し、消費するといった一切の社会的活動のことであり、我々の生活の基盤と言っても過言ではありません。

　一方、政治とは、社会生活を保つため、国民の守るべきこととして国家で決めた規則、すなわち法律を制定し、運営する活動のことを言います。また、金融とは、社会生活を営むのに必要な生産、売買、消費など、様々な活動に伴って行われる金銭のやり取りのことです。つまり、この2つによって我々の生活基盤である経済は支えられており、この3つが有効に機能する関係を構築するのが課題となります。

2. 政治の現状

　経済、金融がグローバル化する現在、世界規模で経済が政治を支配する社会になりつつあると言っても過言ではありません。それを象徴

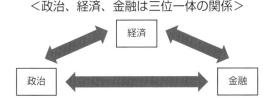

＜政治、経済、金融は三位一体の関係＞

経済

政治

金融

しているのが、ウクライナ問題です。経済基盤が安定せず、石油と天然ガスの輸出頼みのロシアに対して、ユーロ圏や日本はエネルギーで依存しているため、どうしても制裁が甘くなりがちです。そこに付け込んで、米国がイレギュラーな形で支援しているのが現在の構図です。もちろん、ロシアには米国と戦争する気は毛頭ありません。

　政治は、国の行方を決める非常に重要な役割を担っていますが、こと金融や経済に関して言えば、政治に過剰な期待をするべきではありません。ここ数年の日本の政治をみれば、それは明白です。コロナ禍への対応、アベノミクスの危うさ、野党の頼りなさ、繰り返されるカネをめぐる問題等々、枚挙にいとまがありません。今は、我々一人ひとりが自覚と責任をもって自立していくしかないのです。

　本来、政治は我々一人ひとり、そして、みんなのものです。しかし、これだけ SNS が普及した現代社会にあっても、人々の声は中々反映されません。今の日本の政治家は、議員定数を削減せず、消費増税で国民にだけ負担を強いる政治屋に堕してしまった感すらあります。

　国際政治をみても、状況は同じです。北朝鮮は論外ですが、ロシアと中国は自由と人権を認めませんし、民主主義や人権といった価値観を認める欧米でもテロや難民、環境など解決しなければならない問題が山積しています。国際政治機関である国際連合も、安全保障理事会においてロシア・中国が拒否権を発動するなど、機能不全に陥っています。そして、コロナウイルスでは米国と中国の諍いが止まりません。今や世界中が政治・経済の駆け引きの渦中に巻き込まれているのです。

11 グローバル化とは？

Q 世界規模で経済のグローバル化が進むビジネス社会において
は、国内の金融取引の知識だけでなく、国際金融取引のリテラシー
が必須です。そもそもグローバル化とは、何なのでしょうか？

A 経済の三大要素であるヒト、モノ、カネが国家、国籍、国境
を超えて自由自在に動き回ることです。

＜解 説＞

1．グローバル化とは

　ヒト、モノ、カネが国境を越えて自在に行き来することをグローバ
ル化と言いますが、その波が今、世界中で経済のあり方を変えつつあ
ります。たとえば、ユニクロを展開するファーストリテイリングは、
特定の国と結び付かず、世界を一つの市場と見なして事業を展開して
います。雇う人の国籍や生産する場所を選ばず、世界同一賃金を導入
し、英語を社内公用語とするなど、グローバル化に取り組んでいます。

　そもそもグローバル化は、いつから始まったのでしょうか？一般的
には 1989 のベルリンの壁の崩壊により、東西の冷戦体制が終焉した
ことが始まりだと言われています。ソビエト連邦を構成する共産主義
国の経済が破綻し、開放された東欧諸国が次々に市場経済へと移行し
ました。さらに 10 数年前からの情報通信の高度化に伴うインターネッ
トの普及によって、フリー、オープンそしてグローバルな交易がより
活発化し、一気にグローバリゼーションが進行していったのです。

　そして今、コロナ禍や米中対立、英国 EU 離脱、シリア紛争、難民、
地球温暖化などの問題が示すように、世界は不可分です。21 世紀の

現在、世界はまさしくボーダレスそしてグ
ローバルな時代であり、経済、金融、軍事、
環境、どれをとっても一国単位では有効な対
策を立てることはできないのです。

2. ヒト・モノ・カネのグローバル化

(1) ヒトのグローバル化

　日本の人件費は、アジア諸国と比べてかなり高いレベルにあるため、
日本の国内で生産していては、外国企業に価格競争で太刀打ちできま
せん。そこで生産を人件費の安い海外に移すことになるわけです。ち
なみに日本の工場労働者の人件費コストは、米国の1.2倍、韓国の2倍、
中国の4倍、ベトナムの10倍と言われています。

　これだけ日本の人件費が高いと、よほど付加価値の高い技術や頭脳
労働を行わない限り、労働コストの面で東南アジア諸国に太刀打ちす
ることはできません。外国人労働者が目立つようになった背景には、
こうした事情があったのです。

(2) モノのグローバル化

　かつて日本国内で生産・調達ができないもの、たとえばバナナやパ
イナップル、コーヒー、世界的なブランド品や高級品などは輸入に頼っ
ていました。しかし、円高局面に入ると、強い円を武器にして、日用
品までも輸入品に切り替わることになっていったのです。

(3) カネのグローバル化

　カネのグローバル化とは、円金融を外貨金融に替える、円預金を外
貨預金に替えることを言います。実際に、ここ数年続く円の低金利に
嫌気をさして、オーストラリアドルなど、高い金利の外貨預金や外貨
投信が人気を呼んでいます。何も、円だけがお金（通貨）ではありま
せん。円はいつでも、米ドルやユーロ、英ポンド、スイスフラン、シ
ンガポールドルなどに替えられるのです。

12 金融のグローバル化

Q グローバル化の進展とともに、世界はかつてないスピードで変化し続けています。どのように定義すれば良いのでしょうか？

A 東西冷戦体制の崩壊及び情報通信技術の急速な進展によって、垂直・縦社会から水平・横社会へ転換しました。これがグローバル化であり、この流れは加速すると考えられます。

<解 説>

1．グローバル化（グローバリゼーション）とは？

　国際金融が注目されるようになった一番の理由は、まさしく「グローバル化」です。ちなみに商業・経済・情報の世界では、それぞれマクドナルド化（マンハッタン化）、ヴァーチャル化、デジタル化などの言葉で表現されます。グローバルとは、「地球規模の」という意味です。つまり、物事が地球規模で展開されるようになったこと、世界中がボーダレス化（国境という概念がない）したということです。

　グローバル化に似た言葉に国際化がありますが、若干ニュアンスに違いがあります。それは、国際化の場合、基本的に国境や国籍の存在を前提とした概念だからです。一方、グローバル化の場合は、国境や国籍を度外視し、あらゆる面でビジネスの最適地が地球的視野で選択されます。たとえば、経営の統括本部はスイス、デザインはイタリア、生産はベトナム、販売先は欧米と日本といった具合です。

2．金融のグローバル化とは？

　国境を越えて業務を営む金融機関が増え、資本交流が活発になることを金融のグローバル化と言います。金融取引に関する各国の規制が

緩和されることによって、貿易取引が増え、国際分散投資が活発化すること。つまり、市場の同質化が進むことで、お金が国境を越えてダイナミックに動くということです。金融のグローバル化が進むと、貿易決済などの実需をはるかに上回る膨大な資金が国境を越えて行き来するようになります。グローバル化の主な要因は、次の2点です。

(1) 金融のグローバル化

　グローバル化の要因は、大きく2つあります。1つは、先進主要国の経常収支（主に貿易収支）に不均衡が生じ、国際収支のバランスをとる必要が生じたこと。つまり、不均衡の差額を金融で補う必要性が増大したため、国際資本取引の規模が急速に拡大したことです。

　2つ目は、情報通信技術の急速な進展により、金融取引を国家的な枠組みの中で限定して行う必要がなくなったことです。その背景には、インフラ面での充実が金融市場の世界的な一体化を促し、各国通貨当局も金融面での整備を進めざるを得なくなったことがあります。

(2) 日本固有の要因

　1998年（平成10年）の外為法改正によって、資本取引や対外直接投資の自由化が図られたこと。つまり、戦後、厳しく規制されてきた為替管理が緩和されたことが大きく影響しています。具体的には、居住者間の外貨決済及び外貨両替業務と海外預金の自由化です。

新法における自由化	改正前	改正後（許可・届出は不要）
海外預金	許可制	預金口座を利用して、資金決済や外債投資の決済を行える
対外貸借取引	事前届出制	市場状況に応じた迅速な取引ができる
外貨建て取引	許可制	国内企業間の外貨建て決済、銀行以外での為替両替や外貨金融商品の購入、外貨での買い物が可能
対外証券取引	事前届出制	海外から債券や株式を直接購入できる
ネッティング決済	許可制	企業間で外貨建ての差額決済ができる

13 国際取引に伴うリスク

Q 金融取引を行う場合、信用リスクや価格変動リスクなどに注意する必要があります。それでは、国際取引において、特に気を付けなければいないリスクは何でしょうか？

A 国際金融取引を行う場合、信用リスクは国内と同じですが、そのほかにカントリーリスクや為替変動リスクに留意する必要があります。

<解　説>

1．国内取引と国際取引

　国内で商売をする場合、通常、取引の相手方は日本人であり、日本に住所があって、日本語を話し、日本円で代金の決済を行います。商売において、大切な相手方の信用状態も比較的容易に調べることができますし、電話1本やメール1通で商品が配達され、その代金決済は現金や振り込み、小切手、手形によって済ますことができます。現金や振り込みは言うまでもなく、一度振り出された小切手や手形の金額が決済日に変わることもないので、あまり神経を使うことなく、取引を進めることができます。

　一方、国際取引の場合は、そうはいきません。国内取引と比較して、具体的にどのような相違点や問題点があるのか、見ていきましょう。

2．国際取引のリスク

（1）カントリーリスク

　日本は政治的にも経済的にも社会的にも相対的に安定していますが、取引の相手国や投資する相手国によっては、現実に戦火の中にあっ

たり、政変が繰り返されている国もあります。また、経済情勢が大きく変化したり、外貨準備高が悪化するといったこともしばしば起こります。その他、天変地異などの人力の及ばないいわゆる不可抗力、海賊（東アフリカ・ソマリア沖では、度々出没する）、暴動、ストライキ、盗難などのリスクもあります。これらを総称してカントリーリスク（COUNTRY　RISK）、または非常リスク（FORCE　RISK）と言います。

<カントリーリスクの３つの発生要因>

政治的要因	政権交代、戦争・内乱・革命の勃発、テロの発生、法制度の変更
経済的要因	一方的な対外債務の支払い停止、為替管理の強化、極度のインフレ
社会的要因	民族問題・宗教対立・感染症・難民移民問題・高失業率による社会不安

（2）信用リスク

国際取引の相手先は外国企業です。地理的に遠いため簡単に訪問できないし、情報量も少ないので、相手方の実態を完全に把握することはできません。このように代金決済や品質、品物の受渡しに不安がある状態を信用リスク（CREDIT RISK）と言います。

（3）為替リスク

国際取引では、日本円を使用するか、それとも外国の通貨を使用するかを選ぶ必要があります。外国の通貨で取引する場合は、常に日本円とその通貨との交換比率、つまり外国為替相場という国内取引では存在しない為替リスク（EXCHANGE　RISK）が生じます。特に為替相場が激しく変動する時は、このリスクに注意する必要があります。なお、国際取引に日本円を使用した場合、日本側に為替リスクはありませんが、相手方が為替リスクに晒されることになります。

14 世界主要国・地域の現状 その1 日本

Q 国際金融を理解するためには、世界各国・地域の政治・経済・社会の現状を理解する必要があります。手始めに、我が国・日本の現状と問題点について検討しましょう。

A 景気の低迷や人口減少・少子高齢化、財政赤字 1,100 兆円、日韓関係、そしてコロナ禍など、多くの問題を抱えるものの、欧州や中東、中国などと比較すれば、相対的に政治・経済・社会ともに安定的に推移しています。

＜解 説＞

1. 課題は山積している

現状、我が国の経済面における最大のリスクは、人口減少・少子高齢化です。それは、一般的に労働力人口の減少は、マイナス成長に繋がると考えられているからです。国連人口部の推計によると、世界の人口は 2050 年に 97 億人と、現在の 1.3 倍になる一方、日本は 2058 年に 1 億人を切り、2100 年には 7,500 万人になるとされています。

ほかにも、景気の低迷や財政赤字（国と地方の長期債務残高）1,100 兆円、規制改革（あらゆる業界で既存の業者を守る岩盤規制、たとえば、農業参入の自由化、電力小売りの全面自由化）の遅れ、外交の八方塞がり、原子力発電所の再稼働、温暖化に伴う天候不順、産業の空洞化、感染症への対応の遅れなど、問題が山積しています。

2. 堅調に推移する日本経済

「失われた 20 年」と言われたバブル崩壊後の 1991 年からの 20 年間、そしてコロナショックの影響はあるものの日本経済は 恙 無く実績を

挙げてきています。少なくとも2008年のリーマンショック以降、中間層が没落し、1%の富裕層と99%の貧困層と言われるほど格差が急激に拡大した米国よりよい状況にあります。それは、日本がこの数年間で成し遂げた以下の事例からも明らかです。

①日本人の平均寿命は、女性が87.32歳、男性が81.25歳と過去最高を更新しており、今後も伸び続けると予想されます。

②日本の失業率2.2%に対して、米国は3.7%、EU28カ国は6.4%、ユーロ圏19カ国は7.5%となっています（注：コロナ前の数値）。

③米国の大手旅行雑誌『トラベル＋レジャー』の人気観光都市ランキング・トップ10の中に東京（7位）と京都（8位）が選出されるなど、世界で最も注目を集める旅行先になりつつあります。

④文化や経済面において優越感を持って日本を訪れた外国人、特に欧米人は、実際の日本を目の当たりにして愕然とするそうです。たとえば、整備が行き届いた空港・駅、寸分の狂いもなく発車・到着する新幹線・電車、小奇麗な服装、街に溢れるベンツ・ポルシェ・フェラーリなどの最新高級車、きれいに着飾れたペット等々、見るものすべてに驚くそうです。

　実は他国の人にとって、日本は行きたい国の筆頭です。もっと言えば、世界中の人が日本人になりたいと思っている、と言っても過言ではないのです。日本には、国際的に信認の厚い安全・安心通貨である「円」があるし、相対的に政治・経済・社会が安定しているからです。

<世界人気観光都市ランキング>

1位：ホイアン（ベトナム）、2位：サン・ミゲル・デ・アジェンデ（メキシコ）、3位：チェンマイ（タイ）、4位：メキシコシティ（メキシコ）、5位：オアハカ（メキシコ）、6位：ウブド（インドネシア）、7位：東京（日本）、8位：京都（日本）、9位：フィレンツェ（イタリア）、10位：ウダイプール（インド）

15 世界主要国・地域の現状 その2 米国

> **Q** 20世紀の米国は、経済力も軍事力も世界一でした。しかし、トランプ大統領の出現以来、政治・経済・社会ともに変調を来たしています。現在の米国を、どうみるべきでしょうか？

> **A** 米国は、今なお「世界で唯一、本当の強国」ですが、トランプ大統領の米国第一主義的な政策や過激な発言により、世界規模でポピュリズムが台頭しています。彼の発言からは、世界の平和と繁栄に対する超大国の使命感がまったく感じられません。

<解　説>

1. 世界で唯一、本当の強国

　米国は、経済的・軍事的な影響力を行使することによって、世界の安定を確保するとともに、英国やカナダ、オーストラリア、韓国、日本などの同盟国と協調してグローバルな問題に対応してきました。しかし、米国の真の偉大さは、そこにあるわけではありません。国際社会が米国を畏敬してきたのは、世界中から集まった移民が、民主主義や自由と平和、人権重視、法の支配のもとに50の州からなる合衆国をつくり、人種のるつぼという多様性を生かした創意工夫で世界に通用する文化を築きあげたことにあります。

　21世紀になってからも、2001年の米同時多発テロや2008年のリーマン・ショックによる世界金融危機を乗り越え、米国経済は発展し続けています。まさに米国は、「世界で唯一、本当の強国」と言えます。

　しかし、米国第一主義を主張するトランプ大統領の就任によって、本当の強国である米国が今、揺れに揺れています。彼の過激な発言に

よって、反知性主義やセンセーショナリズム、ポピュリズムが蔓延し、その傍若無人振りは TPP やパリ協定からの脱退、イラン核合意からの離脱、さらには中国との対立など、とどまりません。

2. 米国の経済力の源泉は米ドルの供給者

　トランプ大統領の身勝手な振る舞いの背景には、米国が世界の経済・軍事大国であること以上に、米ドルが基軸通貨として絶大な役割を果していることにあります。たとえば、米国経済の世界シェアは約15%に過ぎませんが、世界の外貨準備に占める米ドルの比率は約60%にも及びます。また、典型的な国際金融である国境を超える銀行融資の約60%は米ドル建てですし、欧州を除く多くの国の輸出取引の半分が米ドル建てで行われています。為替取引においても、世界の取引の約80%を米ドルが占めています（下表参照）。

　以上から見えてくるのは、必要十分な米ドルを保有・調達できなければ、世界の貿易取引や為替取引、商品取引は麻痺してしまうという事実です。つまり、米国の経済力の源泉は、米ドルの供給者であることにあるのです。事実、1997年のアジア通貨危機、2009年のギリシャ危機などの金融危機の際、世界の金融機関が求めたのは、日本円でもユーロでもなく米ドルでした。

　しかし、そんな米国の経済力の源泉も、トランプ大統領の独善と直情型の組織運営によって急激に劣化しています。特に深刻なのが米中の貿易戦争で、ここにきて世界経済を混乱に陥れています。保護貿易の最大の被害者は、安くて質の良い商品が手に入らなくなる消費者です。一刻も早く、彼が進める保護貿易の流れを阻止するべきです。

＜通貨ペア別の取引シェア（2019年4月1日）＞

ユーロ／米ドル24.0%、米ドル／円13.2%、英ポンド／米ドル9.6%、豪ドル／米ドル5.4%、米ドル／カナダドル4.4%、米ドル／中国元4.1%、米ドル／スイスフラン3.5%、米ドル／香港ドル3.3%　など

16 世界主要国・地域の現状 その3 欧州

Q ヨーロッパというと、欧州、欧州連合、ヨーロッパ連合、ユーロ、ユーロ圏、EU、EURO などの単語や言葉が浮かびます。それぞれの意味を、お分かりですか？

A ご存じの通り、カタカナ表記ではヨーロッパ、漢字では欧州となります。EU は欧州連合、ヨーロッパ連合のことで組織の名前です。EURO は通貨ユーロのことで、ユーロ圏は欧州単一通貨ユーロを採用する国で構成する経済圏のことです。

＜解　説＞

1．第2の基軸通貨の地位に留まるユーロ

　1999 年、欧州単一通貨ユーロ（EURO）が誕生しました。過去の戦争や対立に伴う苦い経験から、欧州連合（EU）に加盟するドイツやフランス、イタリア、スペイン、オランダ、ベルギーを中心に、相互に干渉し相互に協力するという理念のもと、究極の国際化を図るのが目的です。なぜ、欧州において単一通貨が実現できたかというと、それはすべての国が資本主義・民主主義の国であり、かつキリスト教の国だったからです。なお、欧州連合とは、ユーロ圏19カ国にデンマークやポーランドなど8カ国を加えた経済圏のことで、この組織に永世中立国のスイスは加盟していません。

　2008 年に起きたリーマンショックにより、米国経済は後退を余儀なくされます。その代役としてユーロが台頭し、一時は米ドルに代わる世界の基軸通貨になると期待されました。しかし、財政赤字を隠していたギリシャが経済危機に陥り、それに伴ってユーロ圏内の経済格

差が表面化したこと、その後、欧州金融危機が起こったことなどによって、いまだに第2の基軸通貨の地位に留まっています。

　現在、一時期の危機は遠のいたものの、ギリシャを始めイタリア、スペイン、ポルトガルなど、相変わらず経済が不安定な国は少なくないため、欧州中央銀行（ECB）は引き続きマイナス金利政策を継続しています。いまだにEU域内には、体質的に脆弱な銀行が数多く存在するなど、ユーロを支える仕組みの弱点は解消されていません。

2. リーダー不在の懸念

　欧州政治の実質的なリーダーは、ドイツのメルケル首相ですが、任期満了を迎える2021年に退任する予定です。果たして次のリーダーは誰になるのか、不在状態が長引けば混乱は必至です。また、失業率（注：コロナ前の数値）が欧州連合（EU）の27カ国で6.3%、ユーロ圏の19カ国で7.5%と、改善する兆しが見えないこと、財政赤字の削減に苦慮していることなども、大きな問題になると思われます。

＜失業率上位の国（ユーロ圏）＞

ギリシャ17.2%、スペイン13.9%、イタリア9.9%、フランス8.5%、キプロス7.0%、フィンランド6.7%、ポルトガル6.5%、ラトビア6.5%
※2019年7月現在。ただしギリシャは、2019年5月現在。

　そのほかシリア内戦などによる難民の大量発生も、受け入れを巡りEU内に対立をもたらしています。難民の受け入れに反対する加盟各国のポピュリスト・右派勢力も台頭しており、選挙が実施されるたびに右派勢力および反EU勢力が議席を伸ばし、安定した政権の樹立を困難にしています。また、英国の欧州連合（EU）離脱により物の行き来が滞る懸念があります。

　外交面でも、ウクライナを巡るロシアとの確執が決着していません。また、フランスやベルギーではイスラム過激派による同時多発テロが集中的に起こっており、新たな脅威となっています。

17 英国の EU 離脱

Q 英国の欧州連合（EU）離脱は、底なし沼にはまった感すら
あります。今後、英国はどこに向かっていくのでしょうか？

A 合意なき離脱により英国は、英ポンド危機からスタグフレー
ション（物価高と不況の同時進行）に陥り、ロンドン・シティー
は世界の金融センターの座を失うかもしれません。

<解　説> ────────────────────────

1．英国の欧州連合（EU）離脱

「英国は統合欧州の一員にいるべきではない」という結論は、一言
で言えば「実利よりも、一時の快楽を選んだ」ことにほかなりません。
かつてチャーチル英元首相が「築き上げるのは多年にわたる長く骨の
折れる仕事だが、破壊するのはたった１日の思慮のない行為で足りる」
と言ったのが思い出されます。第二次世界大戦後、不戦の誓いを起点
に統合してきた欧州の歩みが、初めて逆行することになるのです。

英国国民の選択は、冷戦後加速したグローバル化に対する抵抗の意
思表示と言えます。移民や貿易など、さまざまな課題に対するルール
を多くの国々が共有するという流れに、英国国民の辛抱が続かなかっ
たのです。問題は、これが英国特有の現象ではなく、米国をはじめ多
くの国が国民の不満に乗じ、国境を閉ざそうとしていることです。

今は、主要国が一層結束を強め、ナショナリズムや排他主義の台頭
に立ち向かうべき時です。英国自身が単独行動の道を選ぶ以上、孤立
するのは必至ですが、EU は今後の交渉にかかわらず、英国と連携の
関係を見失うべきではありません。両者が強調し合うことによって、

初めて互いに利益を高め、ひいては世界の安定に資することができるのです。そのためにも欧州統合の流れに水を差すことなく、英国とEU双方が新たな建設的関係を築く落着点を探るべきです。英国の輸出取引の多くはEU市場向けであり、ロンドンの金融街シティーは欧州の顧客なしには成り立たないのです。

2. 今後の課題

　19世紀の世界を制した英国は20世紀後半、深刻な停滞の時期を迎えました。その苦悩から脱し、繁栄を築けたのは、積極的に国を開いてグローバル経済の波に乗り、金融を筆頭に様々な得意分野を広げてきたからです。しかし、中国を始め新興国が力をつけ始めると、その地位も安泰とはいかなくなり、その矛先をEUに向けたわけです。

　こうした内向き志向の潮流、つまり偏狭な一国中心の考え方が広がれば、地球温暖化やテロ対策、租税問題、感染症対策など、地球規模の問題に対処する能力を鍛えることができなくなります。そうしたリスクを回避するためには、国際協調しか方法はないのです。今こそ「国境を超える問題に対処するには、各国の経験と知恵を結集した行動しかない」ということを強く訴えるべきです。

　いずれにしても、英国とEUの新たな関係は未だ不透明なので、現時点で最終的な影響は見通せません。だからこそ早急にG7（主要7カ国）が中心となって、市場の不安等を抑えるよう協調体制を築き上げるべきです。具体的には、欧州中央銀行（ECB）を始め、米連邦準備理事会（FRB）や日本銀行（BOJ）など中央銀行の連携による、不測の事態に備えた柔軟かつ強力な危機防止体制の構築です。

<英国における主要国・地域別輸出入の割合（2017年）>

	EU	アジア大洋州	北米	中東・アフリカ	その他
輸出	48.0%	16.5%	15.1%	8.2%	12.2%
輸入	52.1%	20.2%	11.2%	5.0%	11.6%

18 世界主要国・地域の現状 その4 中国

Q トランプ米大統領に「中国が米国の富を盗むのは許せない」と言わせるほど成長した中国ですが、幾つもの問題を抱えています。中国の現状と問題点について検討してみましょう！

A 今の中国は、習近平国家主席による共産党の独裁政治、コロナ問題、米中貿易戦争による景気後退、香港での人権軽視・侵害、地方政府・企業・個人の借入過多など多くの問題を抱えています。まさに政治・経済・金融・社会のどれもが不安定な状況です。

＜解　説＞

1．中国は事実上「一党独裁」政権

　今や世界のトップが重視するのは日本ではなく、もちろん中国です。その背景には、中国が経済力をつけ、「世界の工場」から「世界の市場」へと変貌していることがあります。考えてみれば、中国はかつての日本そのものです。大量に商品を輸出し、それにより外貨を獲得することによって経済力をつけ、そのお金で全世界からモノを買っています。規模が大きいだけに、世界の国々は好むと好まざるとにかかわらず、さまざまな問題を抱える中国を無視できない状態にあります。

　気になるのは、中国の事実上の「一党独裁」政権です。一般的に民主主義の国家の場合、国家の下に政党がありますが、中国はトップに中国共産党があり、その下にあらゆる組織が存在します。司法権も独立していません。共産党の指示を受けて、検察官が誰をどのような罪で起訴するか決定し、裁判官も共産党の意向を受けて判決を下します。

　このように中国共産党が国家組織より上にあるため、極論すれば、

権力が集中する党トップの習近平国家主席一人によって、政治や経済が決定されるといっても過言ではないのです。歴史が示すように、専制政治は流行遅れですし、非常に脆弱です。そんな中国ですが、国連や外交の場面では、通常の国民国家として巧みに振る舞っています。習近平国家主席には、新しい大国として、世界秩序の不合理を改めようとする野心があるのかもしれません。「赤い帝国」をさらなる大国にするため、米国との間で世界の主導権を争う構えのようです。

2．3つの課題の克服がカギ

　米国が次々に輸入関税を引き上げると、中国も報復します。米中の貿易戦争の影響が欧州や日本にもおよび、世界経済が停滞し始めています。底流にあるのは、世界経済、国際政治に圧倒的な影響力を持つ覇権国をめぐる争いです。もちろん覇権を握っているのは米国ですが、コロナショックの影響もあり、経済面での後退が目立ち始めています。

　転機は2008年の世界的な経済危機でした。世界の政治、経済秩序が揺らぐ中、大国となった中国が貿易、金融などの多くの分野で、米国に挑み始めました。しかし、現状のように経済力と軍事力を頼みに独善的な歩みを続ければ、いずれ国際社会との関係が崩壊し、孤立することになります。今後も中国が成長を続けるためには、次の3つの課題を克服する必要があると考えられます。

＜中国の克服すべき課題＞

①経済協力
　アジアにおける広域経済圏の拡大は必須条件です。シルクロード経済圏構想「一帯一路」の陸路と海路で、先端技術を軸に影響力を高めなければなりません。

②通商摩擦
　米中貿易戦争の影響は両国にとどまらず、世界経済に影を落とします。

③債務返済
　積み上がった過剰な債務は官民ともに重い課題です。地方政府の隠れ債務と個人の住宅ローン負担は深刻です。

19 世界主要国・地域の現状
その5　中東

> **Q** 混迷を深めるシリア内戦や大国サウジアラビアとイランの対立など、中東では様々な混乱が生じています。何故、中東は混迷から抜け出せないのでしょうか？

A 中東では、政治・宗教・民族・歴史・資源など、様々な問題が複雑に絡み合っているからです。宗教でいえば、3つの宗教の聖地がエルサレムに集中していること、宗派でいえば、イスラム教のスンニ派とシーア派の対立があります。

<解　説>

1. 宗教、民族、資源の対立構造

　イスラエルのエルサレムには、ユダヤ教（ユダヤ人）、キリスト教（主に、欧米人）、イスラム教（アラブ人、ペルシャ人、トルコ人）の3つの宗教の聖地が、すべて存在します。さらに、イスラム教にはスンニ派とシーア派があり、この対立にも注視する必要があります。宗教だけではありません。シリアの内戦や過激派組織イスラム国（IS）の台頭、少数民族クルド人やパレスチナの問題、ユダヤ化を進めるエルサレム、イランの核開発、米国によるイランの経済制裁、そして最近ではサウジアラビアの石油施設への攻撃等々、挙げれば切りがありません。これらもすべて中東で起こっており、まさしく混沌です。

　世界には、宗教、民族、資源の３つの対立構造があります。中東の場合、この３つの要素がすべて揃っているため、紛争・戦争が起こりやすく、絶えることがないのです。しかも、どれも簡単には解決しないものばかりです。具体的な要因を挙げると、１つは、オスマン帝国の没落以来、中東にはリーダーシップを行使して、秩序を維持し、規律を正すような中核国家が存在しないこと。２つ目は、一夫多妻制の国が多く、出生率が高止まりしていることです。ほとんどのイスラム国家で若年人口が激増しており、こうした若者がイスラムの好戦性を生み出し、移民となって隣国や周辺国に流れ込んでいるのです。

２. 代表的な２つの紛争

（1）サウジアラビアとイランの対立

　中東の混迷の根にある対立軸の一つが、中東の二大国であるスンニ派・サウジアラビアとシーア派・イランの歴史的なライバル関係です。スンニ派とシーア派はイスラム教の二大宗派で、世界のイスラム教徒人口のうちスンニ派が約90％、シーア派が約10％を占めています。同じイスラム教でも預言者ムハンマドの後継者を巡る見解で両派には大きな違いがあり、対立しています。また、サウジアラビアはアラブ人、イランはペルシャ人という民族の対立もあり、経済面で石油の利権争いがあるとも言われています。

（2）シリア内戦

　2011年、中東の民主化運動「アラブの春」に触発され、シリア全土でデモが拡大しました。それに対してアサド政権はデモを徹底的に弾圧、そのため反体制派が武装闘争に転じ、そこにサウジアラビアやイラン、トルコ、米国、ロシアなどが介入したことで内戦状態になりました。さらに過激派組織「イスラム国（IS）」が勢力を拡大したため、三つ巴の争いとなり泥沼化しました。現在、ISはほぼ壊滅状態になりましたが、アサド政権と反体制派の戦闘は継続しています。

20 世界主要国・地域の現状 その6 ロシア・新興国

Q BRICS（ブリックス）の中に5つの国が隠れています。どこの国で、どのような意味があるのでしょうか？

A BRICSとは、主要新興5カ国のことで、ブラジル、ロシア、インド、中国、南アフリカ共和国を指します。現在の経済規模は世界の20%程度ですが、2050年までには米国やドイツ、日本などの先進国7カ国（G7）を凌ぐとの見方もあります。

<解 説>

1. ロシア

プーチン大統領が強気なのは、豊富な天然資源を持っているからです。ロシアは天然ガスの生産量、確認埋蔵量ともに世界一、石油の産出量でも世界第2位のため、「北のサウジアラビア」と言う人もいるほどです。そうした天然資源をバックに、プーチン大統領は再び政治経済で世界の大国に返り咲くことを夢見ているようです。

しかし、現状は頼みの原油価格が2014年のピーク時から急落しているため、経済的には大ピンチです。そのためプーチン大統領は、独裁を強めることで、強引に経済成長を図ろうとしています。そうなれば、言論や行動の自由度が狭まるという危うさを抱えています。

2. インド

人口減少・少子高齢化の心配がなく、急成長している国、それがインドです。人口12億人、国土は日本の9倍あるインドが、40年後にはGDP（国内総生産）で米国と2位争いをするとさえ言われています。もちろん、1位は中国で、日本は4位です。

急成長の原動力となっているのが、IT（情報技術）です。インドで何故IT産業が発達したかというと、実はカースト制度と深い係わりがあります。カースト制度とは、バラモン教とヒンズー教に基づくインド特有の身分制度で、就ける仕事が非常に細かく決まっています。

たとえば、オフィスの掃除をするにも、机の上を拭く階層と床を拭く階層が違います。つまり、何人ものインド人を雇う必要がありますが、IT産業は新しい産業なので、その縛りがありません。低い階層の生まれでも能力さえあれば、ITの仕事に就くことができるわけです。

しかも、インドは英国の植民地だったため、多くの人が英語を話せます。ゼロの概念を発見するなど、数学力が高いのも強みと言えます。

一方で、国境を接する中国及びパキスタンと激しく対立しており、紛争リスクが極めて高い国でもあります。富裕層は着実に増えていますが、貧富の差が激しく、先進国の仲間入りは先のようです。

3. ブラジル

日本が1964年、中国が2008年のオリンピックで急成長したように、リオデジャネイロ・オリンピックを開催したブラジルにも注目が集まっています。国土面積は世界第5位、99%が平坦な土地で農作物が作りやすく、サトウキビやコーヒーの輸出は世界一です。また、世界最大級の海底油田が発見されたため、石油の自給率も100%です。

しかし、汚職などの政治腐敗が蔓延しており、政権が安定しません。インフレが激しく、治安も悪いといった問題が指摘されています。

＜世界の名目GDP 国別ランキング（2018年）＞

（単位：兆米ドル）
米国 20.6、中国 13.4、日本 5.0、ドイツ 4.0、英国 2.8、フランス 2.8、インド 2.7、イタリア 2.1、ブラジル 1.9、韓国 1.7、カナダ 1.7、ロシア 1.7

第3章

金利と金融市場の役割

21 金利　その1

Q 新聞やテレビでよく金利という言葉を見かけますが、その意味について考えたことはありますか？いったいどのように定義すれば良いのでしょうか？

A 金利は、一般的にお金を貸し借りする際のレンタル料と考えられています。その決まり方は、モノの値段と同じで、需要が多ければ価格（金利）は上がり、少なければ下がります。

＜解　説＞

1．金利の定義

　金利を融資取引の観点から見ると、資金の借り手が貸し手に払う利息の借入額に対する割合、つまり利率となります。簡単にいえば、お金を貸し借りする際の価格です。決まり方は、基本的にはモノの値段と同じで、需要（借りたい人）が多ければ、価格・金利は上がり、少なければ下がります。

　上記の利率のほかに、利回りという言葉もよく聞くと思いますが、これは債券や株式の利子・配当などの買入価格に対する割合のことです。一般的に金利や利回りは、一年間のスパンで計算され、これを「年利」と言い、「年何％」という形で表示されます。場合によっては、単に「何％」と表記されるケースもありますが、同じ意味です。

2．金利の種類

（1）単利と複利

　金利の計算方法には、単利と複利があります。単利というのは、元本に対してのみ利息を付ける計算方法で、複利は元利合計額に対して

利息を付ける計算方法です。

　複利の場合は、同じ年利率でも利息の支払期間が違うと実際の利息が違ってきます。たとえば、元本100万円、利率年1％、利息の支払期間1年の場合、1年後の元利合計は101万円ですが、仮に利息の支払期間が6カ月であれば、6カ月後の元利合計は100万5千円、1年後は101万25円と、単利より25円多くなるのです。

　金融において短期とは1年以内の取引、長期とは1年を超す取引を言います。短期金利の代表選手はカードローンや普通預金の金利で、長期金利は国債や住宅ローンの金利です。一般に長期金利は、短期金利よりも高くなります。それは、資金の供給者からすれば、長期にわたって供給すればするほど、現金が必要になっても手元に戻ってこないリスクが高まり、かたや資金の需要者からすれば、長期に供給してもらうほど、返済の心配をしないで、長い間資金を利用することができるからです。

　当然、金利が同じであれば、資金供給者は期間の短いものを、資金の需要者は期限の長いものを選びます。こうした需給関係によって、長期金利は短期金利よりある程度高くなるわけです。

（例）元本500万円、年利2％で30年預け入れた時（1年複利）
【単利】500万円＋利息300万円＝800万円
【複利】500万円＋利息405万円＝905万円

（2）固定金利と変動金利

　固定金利とは、貸出などで一定期間変動しないことを約束した金利のことで、当初決められた金利が満期・期日まで適用されます。

　一方、変動金利とは、一定期間ごとに見直すことを約定した金利のことを言います。中長期間の預金や貸出の際、契約当初は期日までの全期間について具体的な金利を決定せず、一定期間ごとに見直すことになります。（その2に続く）

22 金利　その２

> **Q** 金利の種類には、名目・実質金利、プライムレートなど、ま
> だまだ沢山の種類があります。それぞれどのような金利か、ご存
> 知ですか？

> **A** 名目金利は、一般的に表示されている金利の総称で、実質金
> 利は、名目金利から物価上昇率を差し引くことで求められます。
> プライムレートとは、最優遇貸出金利のことです。

＜解　説＞

2．金利の種類（金利その１からの続き）

(3) 名目金利と実質金利

　名目金利は、預金をしたりローンを借りたりするときに適用される
金利です。一般に金利というと、この名目金利を指します。

　一方、実質金利は、インフレ率、すなわち物価上昇率を差し引いた
金利です。資金を貸して使用料を貰っても、その間にインフレが進み
購買力が減少すれば、受け取る金利は目減りするので、物価上昇分を
差し引いたネットの金利、つまり実質金利が必要になるわけです。算
式は、実質金利＝名目金利－物価上昇率で表されます。

```
比較例
①名目金利 0.5%、物価上昇率 0%の場合
    0.5%－0%＝ 0.5%　実質金利
②名目金利 2%、物価上昇率 3%の場合
    2%－3%＝▲ 1%　実質金利
実質金利は名目金利 0.5%の時の方が高い
```

　前ページの比較例のほか、たとえば名目金利が年利1％であっても、物価上昇率が年率1％であれば、資金運用の期初と満期時で購入できるモノの量は同じなので、実質金利はゼロ％になります。このように実質的な購買力の増減をみるには、実質金利の考え方が有用です。

　また、金利には、金融市場で取引される市場金利と、金融機関が企業や個人と取引する時に適用する対顧客適用金利があります。後者の特徴は、取引に応じて市場金利を反映することです。

　(4) 預金金利と貸出金利

　金利のなかで、一番身近な金利が預金金利と貸出金利です。その特徴は、いつでも引き出せるタイプの金利は低く、期間が短いものより長いもののほうが高いことなどです。

　一方、貸出金利の特徴は、短期資金より長期資金のほうが金利は高くなること、担保があると金利が低くなること、民間資金よりも公的資金のほうが金利が低いことなどです。

　(5) 短期プライムレートと長期プライムレート

　短期プライムレートとは、銀行が最優良の企業（業績が良い、財務状況が良いなど）に貸し出す際の最優遇貸出金利（プライムレート）のうち、1年以内の短期貸し出しの金利のことで、一般に「短プラ」と略称されます。かつて短プラは、各銀行が公定歩合（後述、参照）に連動した金利をもとに、信用リスクの大きさに応じて上乗せ金利を付け加えていましたが、現在は市中金利に連動して決められています。

　長期プライムレートとは、1年超の期間で貸し出す時のプライムレートのことで、一般に「長プラ」と略称されます。かつて長プラの水準は、長期信用銀行が発行する5年もの利付金融債の発行利率に一定の利率を上乗せして決定されていましたが、現在は金融機関が発行する5年もの普通社債の発行利率など、マーケットの資金調達レートを参考に、一定の利率を上乗せする方式で決められています。

23 金利　その3

> **Q** 金利といえば、最近マイナス金利が話題になっています。このマイナス金利ですが、どのようなものかご存知ですか？

> **A** 通常、預金には利子がつきますが、マイナス金利の場合、逆に金利・手数料を取ることを意味します。つまり、お金を借りたのに利息を払わなくてもいいという金利の常識を覆すものです。

＜解　説＞

2. 金利の種類（金利その2からの続き）

(6) 公定歩合と無担保コールレート（オーバーナイト物）

公定歩合は、日本銀行が市中金融機関に直接資金を貸し出す際の基準金利です。かつては政策金利として重要な位置を占めていましたが、現在ではそうした意味合いが失われています。現在、日本銀行では「基準割引率および基準貸付利率」という名称を使用しています。

一方、無担保コールレート（オーバーナイト物）は、金融機関が無担保で借り約定した翌日に返済を行う際の金利です。コール市場は、金融機関相互の資金繰りを最終的に調整し合う短期金融市場で、日本銀行の金融調節の影響力が及びやすい市場と言えます。

(7) オファードレートとビッドレート

金融取引の資金市場では、「資金を出したい」出し手と、「資金を取りたい」取り手がそれぞれ金利を呈示しています。資金の出し手が呈示する金利がオファードレート（OFFERED RATE）、取り手が呈示する金利がビッドレート（BID　RATE）です。

出し手は、できるだけ高い金利を希望し、取り手はできるだけ安い

金利を希望します。そこで、通常、オファードレートはビッドレートより高く、双方のレートが合致したところで取引が成立します。

(8) タイボー（TIBOR）とライボー（LIBOR）

タイボー（TIBOR）は、TOKYO　INTERBANK OFFERED RATE の略称で、東京銀行間取引金利のことです。東京金融市場で呈示された出し手サイドの銀行間取引金利で、全国銀行協会（全銀協）が算出し、国内の貸出市場等で基準金利として利用されています。

一方、ライボー（LIBOR）は、LONDON INTERBANK OFFERED RATE の略称で、ロンドン・オフショア市場で呈示された出し手サイドの銀行間取引金利です。主要通貨建てのほとんどが呈示され、国際金融市場における短期金利の指標として利用されています。

(9) マイナス金利

預金などには通常、プラスの利息が付きますが、預金者に手数料を課すことで、預金すると元本が目減りする状況を指します。通常は、お金を預けることにより利息を得ることができますが、マイナス金利の場合、お金を預けると金利分の支払が生じてしまうのです。

もう1つ、中央銀行が政策的に金利をゼロ％よりも低い水準にするという意味もあります。そうすると、民間銀行は多くのお金を中央銀行に預けておくと損するので、必然的に世の中に出回るお金の量が増え、家計や企業にとってお金を使いやすい環境を整うというわけです。今、わが国でも長期にわたってこの政策が実施されています。

日本銀行にお金を眠らせるだけで年利0.1％の手数料を取られてしまいます！

24 市場とは？

Q 株式市場（しじょう）や金融市場、外為市場、債券市場、商品先物市場といった言葉をよく耳にします。この市場とは、どんな場所なのでしょうか？

A 「多くの人々の意向を反映して価格が決まる場所」のことを、市場と言います。

＜解　説＞

1．市場の機能

　金融市場と言われてもピンとこないかもしれませんが、株式市場とか東京証券取引所と言うとイメージが湧くのではないでしょうか。株式市場のように、みんなが取引に参加できるように取引所を整備することを上場と言いますが、こうした市場が典型的な金融市場です。

　一方、多くの人々が同じものを架空の場所で取引することも市場と言います。多くの人々が取引に参加することにより、多様な見方を反映した形で価格が決定されるからです。つまり、市場とは「多くの人々の意見が集約されることで価格が決定する場所」ということです。

2．市場価格の形成

　市場価格は、基本的に需要と供給という公開オークションによって決まりますが、その決まり方は極めて単純です。世の中には、いくらお金を出してでも欲しいものを買う人がいるように、市場も同じ原理で動きます。たとえば、A社という会社の株があり、多くの人が欲しがっているとします。あなたがもし、この株をどうしても欲しければ、他の人よりも高い価格を提示すれば良いのです。もし他の人が1

株100円でしか買わないと言っていれば、あなたは1株101円で買うと意思表示を示せば、この株を買うことができるわけです。このような仕組みを、一般的に競り（せり）や競売、オークションと言います。そういう意味では、市場は公開オークションの場とも言えます。

もっとも、金融市場とネット・オークションとでは大きな違いがあります。ネット・オークションの場合、出品者一人に対して、購入希望価格を提示する人が多数いるのに対し、金融市場の場合は、購入希望者だけでなく、売却希望者も多数となります。たとえば、A社の株をどうしても売りたい人がいるとします。みんなが1株101円でしか売りたくないという時に、自分は1株100円で売るという意思表示をすれば、この株式を売るのが容易になるわけです。

3．経済学的にも価格は需要と供給で決まる

市場での価格を考えると、経済学的には、需要と供給とが釣り合ったところで価格が決まります。確かに、一般的なモノやサービスでも広い意味では、この理屈で成立しています。高級車には多額の製造コストがかかっているから高額になるわけですが、それだけではなく買う人がいるから高価になるのです。いくら多額の製造コストがかかっていると言っても、買う人がいなければ、高く売れないからです。

金融の世界では、需要と供給により価格が決まる市場メカニズムが常に働いています。対象は株式でも、外国為替でも理屈は同じで、買いたい人が多ければ価格は上がり、売りたい人が多ければ価格は下がります。情報が瞬時に伝わり、取引も容易な金融市場においては、市場で決まった価格は、世の中にある情報をすべて反映しているのです。

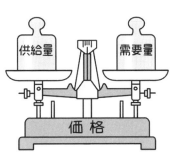

25 | 金融市場とは？

Q 金融市場とは、金融取引が行われる場のことで、相対（あいたい）取引と市場（しじょう）取引があります。それぞれ、どのような取引なのでしょうか？

A 相対取引とは、企業や個人が特定の金融機関と個別に契約するもので、市場取引とは、不特定多数の参加者同士による競い合いで取引を決めていくものです。

<解 説>

1. 金融市場とは

金融市場とは、金融取引が行われる場のことです。ただし、場といっても概念的なものです。たとえば、青果市場や魚市場、生花市場など、実物取引を行う物理的な場所は必ずしも必要としません。もちろん、ニュースで目にする東京証券取引所のように、物理的な場所がある市場もありますが、たとえば外国為替市場のように、別にインターネットや電話などの通信網によって形成される市場もあります。通信技術の進化によって、最近では物理的な場所ではなく、むしろ概念的なヴァーチャル市場が中心になりつつあります。

2. 相対取引と市場取引

一口に金融市場といっても、金融商品の内容や取引形態によって取引の方法が異なります。金融取引は、大別すると相対（あいたい）取引と市場（しじょう）取引とに分類することができます。

（1）相対取引

相対取引とは、金融サービスの利用者である企業や個人などが、特

定の金融機関との間で、個別に取引内容を決めて、取引契約を結ぶ方法のことを言います。たとえば、銀行への預金取引や銀行からの融資取引などが相対取引に該当します。

　相対取引の場合、取引相手の間に固定的なつながりが生じます。たとえば、企業にとって最も重要な取引関係にある銀行のことをメインバンク（主力取引銀行）と言いますが、これは企業と銀行との取引形態が相対取引だからこそ最も重要という概念が成り立つわけです。

　(2)　市場取引

　市場取引とは、基本的には不特定多数の参加者同士による競り合いによって、価格、取引量、取引相手などが決定される取引を指します。株式市場や短期金融市場、外国為替市場、債券市場、商品先物市場などが、典型的な市場取引と言えます。

　たとえば、自分が保有する上場株式を売却したいと考えれば、その株式が上場されている株式市場に売りに出すことによって、市場で成立する時価により売却することができます。つまり、市場取引には、「自分が持っていた株式を誰が買ってくれたか」といった参加者相互間の結びつきはありません。あくまでも市場で成立する価格によって、個々の金融商品に対する需給のバランスが調整され、価格条件が折り合うところで市場取引が成立するという特徴があります。

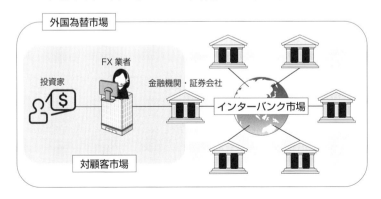

26 金融市場の役割

Q 金融市場には、取引のマッチング、価格の形成、取引の記録、情報提供の４つの役割があります。それぞれどのような内容か、お分かりですか？

A 取引のマッチングとは需給調整の仕組みのこと、価格の形成とは相対取引と市場取引での値決めのこと、取引の記録とは市場で行われた取引に関する情報が残ること、情報の提供とは企業などにディスクロージャー（情報開示）を促すことです。

<解　説>

1．取引のマッチング（MATCHING）

　市場には、市場参加者による競り合いで、需要（買いたいニーズ）と供給（売りたいニーズ）とが均衡するような価格を形成する需給調整の仕組みがあります。この仕組みのことを価格メカニズムと呼びます。金融市場の場合、この競り合いによる価格形成の仕組みが最も働きやすい、完全競争市場であると言えます。

　このように、金融市場は、金融サービスの利用者相互の需要と供給を結び付けるニーズのマッチングの役割を果たしています。

2．価格の形成

　相対取引の場合、１対１の取引相手の双方が納得すれば、それで価格が成立します。また、そこで成立した価格は、基本的には世の中に対して公表されない、閉ざされた情報となります。

　これに対して、市場取引は今の価格が安いと思う人がいれば買い注文を出し、逆に高いと思う人がいれば売り注文を出すというように、

多数の市場参加者の全体的総意として価格が形成されます。つまり、市場が正しく機能していれば取引される価格は、その時々の経済・金融環境を反映した合理的な価格になるのです。なお、取引価格は常にオープンにされているため、金融商品の価格を評価する役割も果たしています。

3. 取引の記録

　金融市場を通じて取引を行った場合、取引に関するすべての記録が残ります。それは、株式市場での出来高や売買高など、取引に関する情報が毎営業日公表されていることからも明らかです。つまり、市場での個々の取引が正しく記録されているからこそ、毎営業日公表することができるわけです。なお、取引の記録は、経済統計の基礎となるほか、税金の把握や不正取引防止などにも役立っています。

4. 情報の提供

　企業が金融市場を通じて資金調達を行うためには、有価証券報告書や決算短信などのレポートをはじめ、ディスクロジャー（情報開示）制度等によって、自社の経営や財務に関する情報を世の中の投資家に対して提供する必要があります。また、社債や株式等によって調達する資金に関する情報も、当該企業が今後どのような経営戦略を考えているかを知るうえで重要な情報と言えます。

　このように金融市場は、個々の企業の経営や財務、金融に関する詳細な情報を、市場参加者に対して提供する役割も果たしているのです。

27 金融市場の機能

Q 金融市場には、株式市場や債券市場、外国為替市場のほかに、金融派生商品市場や商品先物市場など聞き慣れない市場があります。ご存じですか？

A 前者は先物取引やオプション取引、スワップ取引の市場で、後者は貴金属や金属鉱物、エネルギー、農産品の先物取引を行う市場です。金融市場には、以下の３つの機能があります。

＜解　説＞

1．取引期間（短期市場と長期市場）

　金融市場は、取引期間によって短期市場と長期市場に分類され、その分かれ目になるのは１年です。すなわち、金融取引の期間が１年以内だと短期市場になり、１年超だと長期市場になります。なお、短期市場は短期間でのお金の貸し借りを意味することから、マネーマーケットとも呼ばれます。また、長期市場は長期間にわたってお金の貸し借りを行うことから、そのお金には資本のような意味合いが生じます。そのため、キャピタルマーケットとも呼ばれています。

2．市場参加者の範囲（インターバンク市場とオープン市場）

　金融市場には、原則として誰でも参加できる市場と、参加者がはじめから限定されている市場があります。参加者が限定されている市場の典型は、インターバンク市場（銀行間市場）です。その名前の通り、参加者は銀行などの金融機関に限定されます。

　他方、参加者の限定がない市場のことを、オープン市場と言います。オープン市場では、インターバンク市場とは異なり、銀行などの金融

機関だけでなく一般企業や地方自治体、共済組合、個人なども参加するができます。たとえば、株式市場や債券市場などは、金融機関以外にも多様なプレイヤー（主に、証券会社）が参加して、市場での競り合いによる取引が行われています。

3. 種々雑多な金融商品

株式を取引する株式市場や国債をはじめとする債券を取引する債券市場は上記の通りですが、他にも外国為替市場や金融派生商品市場、商品先物市場などいろいろな市場があります。

（1）外国為替市場

外国為替（外国通貨）の売買が行われる市場のことです。インターバンク市場と対顧客市場に大別されます。一般に外国為替市場という場合、インターバンク市場を指します。インターバンク市場には、金融機関のほか、為替ブローカー、中央銀行が参加しています。

（2）金融派生商品（デリバティブ）市場

金融派生商品（デリバティブ）とは、株式、債券、外国為替など既存の資産の価格を基準に価値が決まる金融商品の総称です。具体的には、先物取引、オプション取引、スワップ取引があります。

（3）商品先物市場

貴金属（金・白金・銀等）や金属鉱物（銅・アルミニウム等）、エネルギー（原油、ガソリン等）、農産品（とうもろこし・小麦・大豆・小豆・粗糖・コーヒー豆等）などの先物取引を行う市場のことです。

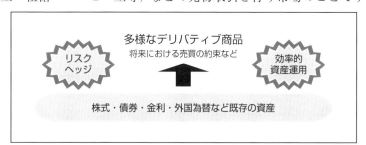

28 短期金融市場

Q 短期金融市場では、取引期間が 1 年以内の金融商品を取扱います。具体的には債券現先や譲渡性預金、コマーシャルペーパーなどですが、それぞれどのようなものなのでしょうか？

A 債券現先とは、「債券を将来売り戻すことを条件に買ったり、買い戻すことを条件に売ったりする」取引のことで、譲渡性預金は譲渡可能な定期預金、コマーシャルペーパーは約束手形を利用した資金調達のことを言います。

<解　説>

短期金融市場とは

　取引期間が 1 年以内の金融商品を取扱い、金融機関や一般企業などが短期の資金繰りを主要目的とした資金の調達・運用をする場が、短期金融市場です。大別すると、以下 2 つの市場に分類されます。

　(1) インターバンク市場

　インターバンク市場は、参加者が銀行を中心とした金融機関に限定された市場のことで、銀行間取引市場とも呼ばれています。その中の 1 つ、金融機関同士でお互いに余裕がある資金と不足する資金との貸し借りを行う市場をコール市場と呼び、オーバーナイト取引という期間 1 日のお金の貸し借りが特に多く行われています。ほかにもコール市場よりもやや長めの取引を行う手形市場や、米ドル、その他の外貨資金を扱うドルコール市場などがあります。コールとは CALL（呼ぶ）すればすぐ戻るという意味で、もともと金融機関相互で 1 日など短期の貸し借りをする資金取引を指します。

（2）オープン市場

　オープン市場には、銀行や証券会社、一般企業、政府機関、外国企業などが参加しています。具体的には、国債などの債券を買戻しや売戻しの条件を付けて売買する債券現先（注1）市場、譲渡性預金（NCD：注2）市場、コマーシャルペーパー（CP：注3）市場、短期国債（TB：注4）市場、政府短期証券（FB：注5）市場などがあります。

　こうした市場に対して、中央銀行が公開市場操作を行うことで、市場金利を誘導することができます。つまり、中央銀行は金利やマネーサプライなどの調整弁の役割も担っているのです。

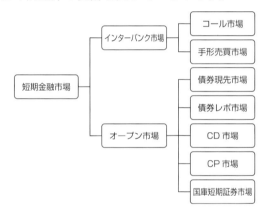

（注1）債券現先：国債などの債券を将来、売り戻す条件を付けて買ったり、買い戻す条件を付けて売ったりする取引のことで、売戻し条件付きの債券買いを「買い現先」、買戻し条件付きの債券売りを「売り現先」と言います。買い現先は、企業が一時的な資金運用のため、売り現先は証券会社などが一時的な資金調達のために利用します。

（注2）譲渡性預金：一般に銀行預金には譲渡を禁止する特約がありますが、それがない預金で、預金者は自由に第三者に譲渡できます。

（注3）コマーシャルペーパー：優良企業などが短期金融市場から直接資金を調達するための手段で、無担保の約束手形が利用されます。

（注4）短期国債：政府が長期国債を借り換えるために短期間発行する国債です。

（注5）政府短期証券：政府が一時的な資金不足を補うために発行する短期証券です。

29 長期金融市場

> **Q** 取引期間が 1 年超の金融商品を取り扱う長期金融市場には、債券市場と株式市場があります。取扱う債券には、どのような商品があるのでしょうか？

> **A** 債券とは、国や地方自治体、金融機関、企業などが人々からお金を借りるときに、証拠として発行する証券です。いわゆる借用証書で、国債や政府保証債、地方債、社債、金融債などがあります。債券を公社債と言うこともあります。

<解　説>

1. 債券市場

　債券市場とは、国や地方自治体の発行する公共債（国債・地方債）や社債、特定の金融機関のみが発行できる金融債などの債券を取引する市場の総称です。主として証券取引所において取引されています。

　債券を発行することは、借用証書を発行することと同意で、国や地方自治体、企業などが、債券の購入者からお金を借りることを意味します。小さな額面単位で不特定多数の投資家向けに債券を発行することによって、巨額な借入れを行うことができます。一方、債券の発行者にお金を貸している債券の購入者は、債券を購入することによって資金を運用していることになります。

　なお、債券市場には、債券の機能から発行市場と流通市場があります。発行市場とは、新たに債券が発行される市場のことで、流通市場は、すでに発行された債券を売買する市場ことです。いずれの債券も流通市場で取引されることによって、適正な債券価格が形成されます。

　債券は、安全性と流動性に優れた資産で安全な投資対象と言えます。それは、国や政府関係機関、一流企業などが発行者だからです。しかも、他人に譲渡することが可能なので、容易に現金化することができます。つまり、流動性という側面からも優れた商品と言えます。

　その代表が国債です。国債は国、すなわち政府が発行する債券です。日本で発行される国債には、歳入補填のため使途の制限がない赤字国債や特定の公共事業のために発行される建設国債などがあります。

公共債	国債	【発行：国】超長期国債、長期国債、中期国債、変動利付国債、個人向け国債、物価連動国債、ストリップ債、国庫短期証券
	地方債	【発行：地方自治体】全国型市場公募地方債、住民参加型市場公募地方債、銀行等引受債（縁故地方債）
	特別債	【発行：公団等】政府保証債、財投機関債、非政府保証債（特殊債）
	地方公社債	【発行：地方自治体が設立した公社】
民間債	金融債	【発行：金融機関】利付金融債、割引金融債
	社債	【発行：株式会社等】普通社債（電力債、一般事業債等）、特定社債、新株予約権付社債、投資法人債、交換社債

2．株式市場

　株式市場とは、企業が発行する株式を取り扱う市場のことです。代表的な市場が証券取引所で、企業が資金調達のために新しく株式を発行する発行市場と、発行済みの株式を保有者間でやり取りする流通市場の双方の役割を果たしています。

　前者の場合、企業が発行した株式を証券会社が引き受け、それを投資家に販売するのが一般的です。つまり、株式市場の参加者は、資金調達を行う企業（株式会社）、投資家、証券会社の3者になります。

Q 国際金融市場として重要な地位を占めるロンドン市場と香港市場で、それぞれ独自の問題が発生しています。どのような事情があるのでしょうか？

A ロンドン市場は、英国の欧州連合（EU）からの離脱問題、香港市場は、長期化する香港市民のデモと中国の一国二制度という政治制度問題が背景にあります。

＜解　説＞

1. 国際金融市場とは

　国境を越えたクロスボーダーな金融取引が、大規模に行われる市場を国際金融市場と言います。その要件は、①政治と社会の安定、②通貨の安定（米ドル、ユーロ、英ポンド、日本円、スイスフラン等）、③情報や通信インフラ、金融ノウハウの充実、④金融上の規制が少ない、⑤内外金融機関が多数存在することなどです。現在、これらの条件を備えた代表的な市場として、以下の市場があります。

2. 代表的な市場

　（1）ニューヨーク市場

　ニューヨーク市場は、国際間の決済で広く用いられる基軸通貨である米ドルを持ち、かつ巨大な経済力を持つ米国の金融市場の中核です。国際金融市場の場として、圧倒的なプレゼンスを示しています。

　現在、その地位を背景に、世界各国の決済資金がニューヨークに集まり、巨額の資金取引が行われています。そのため同市場の動向や中央銀行の役割を果たす米連邦準備制度理事会（FRB）の動向が、米

国経済だけでなく、世界経済に大きな影響を及ぼしています。

(2) ロンドン市場

19世紀半ば以降、英ポンドが基軸通貨として信認されたことにより、ロンドンは世界の国際金融の中心地となりました。しかし、2回の世界大戦を契機に米国経済が圧倒的に優位となり、今は米ドルが基軸通貨になっています。とは言え、今なおニューヨークに次ぐ世界の重要な金融市場としての地位を保っていますし、外国為替取引においてはニューヨーク市場を凌ぎ、世界一の取引高を誇っています。

ただし、その地位も欧州連合離脱（ブレグジット）の混迷が影を落としています。今後の状況によっては、国際金融の拠点として発展してきた英国の先行きに懸念が生じる可能性も否定できません。

(3) 東京市場

国際金融市場としては、ニューヨーク市場やロンドン市場に及びませんが、日本経済の規模やアジア地域における優位性などから、存在感のある市場と言えます。

(4) その他の市場

上記の3市場以外にも、香港、上海、シンガポール、パリ、フランクフルト、チューリッヒ、アムステルダム、ルクセンブルク、シドニーなどに市場があります。なお、前述した通りアジアの国際金融センターとして、中核的存在である香港市場の信頼性が、長期化する民主化デモと中国の一国二制度という政治制度によって揺らいでいます。

＜外国為替取引のシェア＞

順位	国	シェア	順位	国	シェア
1	英国	43.1%	6	スイス	3.3%
2	米国	16.5%	7	フランス	2.0%
3	シンガポール	7.6%	8	中国	1.6%
3	香港	7.6%	9	ドイツ	1.5%
5	日本	4.5%	9	オーストラリア	1.5%

第4章

国内金融と国際金融の違いってなに？

31 国内金融取引とは？

> **Q** 国内金融とは、同じ国に住んでいる者同士で行われる自国内の金融です。日本の場合、どのような会社組織があるかお分かりですか？

> **A** 皆さんが口座を持つ銀行はもちろんですが、そのほかに株式の売買取引を行う証券会社、生命保険を扱う保険会社、消費者金融のノンバンクなどがあります。

<解　説>

1. 国内金融とは？

　国内金融は、同じ国に居住している者同士で行われる自国内の金融取引です。現在、日本国内で金融を事業として行っているのは、銀行、証券会社、保険会社のほかにいわゆるノンバンク（注1）と呼ばれている貸金業者などがあります。これらを総称して、金融機関と呼ばれています。

- （注1）ノンバンク：預金を受け入れることなく、融資業務を行う金融機関の総称です。一般消費者向けと事業者向けに分かれ、前者には、消費者金融（注2）、信販業（注3）、クレジットカード業など、後者にはリース会社（注4）やファクタリング会社（注5）、ベンチャーキャピタル（注6）などがあります。
- （注2）消費者金融：無担保、無保証で個人に対して少額の融資を行う金融機関を言います。
- （注3）信販業：商品の購入代金を立替払いする形で、実質的に融資を行う業態です。
- （注4）リース会社：耐久消費財などの購入代金を顧客に代わって支払い、リース料の形で分割返済してもらう会社です。
- （注5）ファクタリング会社：売掛債権（主に、手形）を自己のリスクで

買い取り、手数料を得る会社です。
(注6) ベンチャーキャピタル：ベンチャー企業に融資をしたり、増資を
　　　引き受けて起業家を支援する会社です。

2．国内金融の2つの特徴

(1) 外国為替取引が不要

　国内で実施される金融取引は、基本的に同一通貨（日本の場合には、日本円）であるため、通貨間の交換比率を意味する為替相場（為替レート）の変動によるリスク（為替リスク）は、ほとんどありません。

　また、同一通貨であるからこそ、当事者を取り巻く環境が大きく異なることも少ないと言えます。

(2) 国内銀行を統括する中央銀行が存在

　各国には、各銀行を統括する中央銀行が存在します。具体的には、日本では日本銀行（日銀）、米国では米連邦準備制度理事会（FRB）、英国ではイングランド銀行、ユーロ圏では欧州中央銀行（ECB）、中国では中国人民銀行などが該当します。当該国の金融業界をコントロールするのが基本的な役割であり、「銀行の銀行」と言われる存在です。

<中央銀行の役割>

1. 銀行券（お札）の発行・流通・管理：わが国唯一の「発券銀行」として銀行券を発行するともに、その信認を確保するための業務
2. 決済に関するサービスの提供：当座預金（日本銀行当座預金）の振替によって金融機関間の資金決済を行うシステムを提供
3. 金融政策の運営：物価の安定を目的に金融政策を決定・実行
4. 金融システムの安定に向けた取り組み：金融機関に対して実態調査を行い、経営の健全度の維持・向上を促す
5. 国の事務の取扱い、対政府取引に関する業務：国庫金（国の資金）の出納・計理や政府を相手方とした国債の売買などの取引
6. 国際業務：外国為替の売買、外国中央銀行や国際機関等による円貨資産の調達・運用への協力などの国際金融業務

具体的な国内金融取引

A　銀行の場合、預金、貸出、為替が三大業務とされています。具体的な国内金融取引は、以下の通りです。

＜解　説＞

1．銀行（信用金庫や信用組合なども含まれます）

（1）預金（ゆうちょ銀行、いわゆる郵便局は、貯金と言います）

①普通預金：いつでも預入れと引出しのできる預金として、個人の家計用や貯蓄用のほか、企業などの事業用預金として幅広く利用されています。

②定期預金：原則として一定の期間（たとえば、6カ月や1年など）が経過するまで、現金化できない預金です。

③当座預金：取引先が金融機関と当座勘定取引契約を結び、小切手や手形の支払資金として預け入れる預金です。

（2）貸出

銀行が預金をもとに収益を上げる方法には、証券市場を通じて有価証券（株式や債券など）で運用する方法のほか、融資による運用方法があります。具体的には、当座貸越（座勘定貸越契約を結び、当座預金の残高を超えても一定の貸越極度までは、手形や小切手の支払が可能）、商業手形割引（取引先が取得した手形を額面金額から手形期日までの割引料・利息を差し引いた金額で買い取る・割り引く）、手形貸付（金融機関宛てに貸出先が振り出す約束手形を使って貸付を行う

もので、主に企業の短期資金の供給に用いられる）、証書貸付（貸付金額や返済方法など、いろいろな貸付条件を貸出先と締結して貸付けを行うもので、中長期の貸付に用いられる）、住宅・教育・カードローンなどがあります。

（3）為替

現金を使わない代金決済の方法のことで、振り込みや送金小切手などがあります。

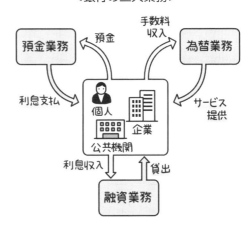

＜銀行の三大業務＞

2．証券会社

株式や債券などの有価証券を取り次ぐ役割を果しています。主な商品には、株式、国債、地方債、社債、投資信託（証券投資信託、不動産投資信託いわゆる REIT）などがあります。

3．保険会社

保険会社には、人が死亡した時に保険金を支払う生命保険会社と、事故や災害に際して、財産の補償を行う損害保険会社があります。生命保険会社の主な商品には、生命保険、がん保険、傷害保険などがあります。損害保険会社の主な商品には、火災保険、自動車保険、地震保険などがあります。

4．ノンバンク

上記１の銀行以外の金融機関のことで、預金を受け入れず貸付だけを行います。具体的には、消費者金融、信販業、クレジットカード業などの一般消費者を対象とするものと、リース会社、ファクタリング会社、ベンチャーキャピタルなどを対象とするものがあります。

33 フィンテック（FINTECH）とは？

Q フィンテックはIT（情報技術）を使った新たな金融サービス・事業の総称です。今後、どのようなサービス・事業が可能になるのでしょうか？

A 資金決済、資金運用・管理、融資、保険、会計・経理、セキュリティー、クラウドファンディングなど、多様なサービスや事業が可能になります。

<解　説>

1．フィンテックとは？

　フィンテックは、金融を表す「FINANCE（ファイナンス）」と技術を表す「TECHNOLOGY（テクノロジー）」を組み合わせた造語で、主に金融サービスの低コスト化を促す用語です。今やIT化の波は金融にも押し寄せています。既存の金融機関だけでなく、IT企業や異業種のベンチャー企業などが相次ぎ参入・提携し、利便性が高く、低コストの金融サービスが相次ぎ開発されています。利用するツールは主にスマートフォンで、「簡単に送金・決済ができる」「自動で家計簿をつける」といったサービスはもちろんですが、最近では融資の審査に人工知能（AI）を活用し、顧客データから融資の可否を短時間で審査し判断するサービスも広がりつつあります。

　それだけではありません。フィンテックは、個人の資産運用にも新たな風を吹き込んでいます。たとえば、スマートフォンなどから手軽に少額投資ができるサービスも、その1つです。スマートフォンで少額投資できるサービスのなかには、500円から取引ができるものもあ

り、少ない資金で気軽に株式投資を始めることができます。

　また、ロボットアドバイザー（ロボアド）も、手軽に投資したいというニーズに応えてくれる便利なアプリです。このロボアドには、簡単な質問に答えるだけで最適な資金配分や商品を提案してくれるアドバイス型と、商品の買い付けや配分比率の調整までを自動で行ってくれる投資一任型の2つのタイプがあります。

<ロボットアドバイザーの主なメリット・デメリット>

メリット	デメリット
知識、経験が必要ない 自動運用のため手間いらず AIが客観的に判断してくれる	元本割れの可能性 手数料がかかる 投資一任型はNISAが使えない

2. フィンテックの主なサービス

　主なサービスは、以下の通りです。

①資金決済：オンライン上で取引するデジタル通貨やスマートフォンでのクレジットカードなどの決済ができます。

②資産運用：ロボアドバイザーのオンラインプログラムで、少額から賢い資産運用ができます。

③資産管理：スマートフォンで家計簿作成、銀行口座やカードの利用履歴を管理することができます。

④融資：お金を借りたい人と投資したい人とを、オンラインでマッチングさせます。

⑤保険：ビッグデータやAIで、手続きの簡素化や健康増進サービスなどを提供します。

⑥会計・経理：会計ソフトや経理サービスで、会社経営を支援します。

⑦セキュリティー：ブロックチェーンや生体認証などで、オンライン上の資産を守ります。

⑧クラウドファンディング：インターネット上で、新規プロジェクトの資金調達や寄付を募ります。

34 | 国際金融取引とは？

> ## Q
> 国際金融取引と国内金融取引との間には、決定的な違いがあります。国内金融だけでなく、国際金融を学ばなければならない理由もそこにありますが、それは何でしょうか？

A
一般的に国によって通貨は異なります。国際的な金融取引の場合、複数の通貨が関係するため、それらの相対的な価値の尺度である為替相場（為替レート）が重要な意味を持ちます。

<解　説>

1. 国際金融取引とは？

　経済のグローバル化に伴い、金融を取り巻く環境は激変しており、今や国内の金融取引だけでは対応できない時代になっています。しかも、情報通信技術の急速な発展に伴いフィンテック（金融とITの融合）をはじめデジタル通貨（暗号資産）、IoT（モノのインターネット）など、技術革新がもたらす新たなツールが次々に現出しています。こうした状況にあって、国際金融の重要性は急激に高まっています。

　国際金融取引とは、国境を越えて資金の過不足を融通し合うこと、つまり国を跨いで国際間で資金を融通し合うことです。グローバル化とデジタル化が急速に進む現在、対外的資本取引の重要性はますます増大しています。そうした中で、これまでにように限りある資本を、国毎に個別に活用していては経済の発展は望めません。国境を越え、世界規模で効率的な経済活動を可能にする重要な役割を担っているのが、国際金融取引なのです。

　国際金融も、それ自身の内容は基本的に国内金融と同じですが、決

定的な違いが存在します。それは一般的に国によって通貨が異なること、つまり国際的な金融取引には複数の通貨が関係するため、それらの相対的な価値の尺度である為替相場（レート）が重要な意味を持つという点です。国際金融取引には、必ず為替変動リスクが伴うという意味において、外国為替取引は国際金融の代表格と言えます。

2. 外国為替取引の具体例

　外国為替取引には、たとえば日本の企業が米国に進出する際、現地の銀行から事業資金を借りること、反対に日本の銀行が日本で会社を設立したいと考えている外国の企業に対して、資金を貸し付けることなどがあります。ニューヨーク証券取引所に上場している日本株のトヨタ、ソニー、三井住友銀行、野村証券などは、正しくグローバル企業であり、国際金融取引の対象になっていると言えます。逆に、東京証券取引所に上場されている外国株のダウ・ケミカル、バンク・オブ・アメリカ、シティグループなどもグローバル企業であり、日本の企業や個人の投資対象として、売買が活発に行われています。

　その他、広義では原油取引も国際金融取引の一環と言えます。原油取引の指標には、北米の「WTI原油」、中東の「ドバイ原油」、欧州の「北海原油」がありますが、一般的に原油の価格はWTI原油の価格によって決まります。ニューヨーク・マーカンタイル取引所に上場されていている WTI原油先物は、取引量、市場参加者ともに圧倒的に多く、ここの値段が「世界の原油の指標価格」になっています。

<国際金融取引：国境を越えた資金の貸借（貸し借り）>

35 | 国際金融取引の特徴

> **Q** 31で説明したとおり、国内金融取引の特徴は、外国為替取引が不要なことと、国内銀行を統括する中央銀行が存在することです。それでは、国際金融取引の特徴は何でしょうか？

> **A** 国際金融取引の特徴は、3つあります。外国為替取引を伴うこと、各国の政策金利などを考慮する必要があること、そして世界全体の金融機関を統括する中央銀行が存在しないことです。

<解　説>

1. 外国為替取引を伴うこと

　国が違えば流通している通貨も異なるので、金融取引には外国為替取引を伴うのが一般的です。そのため、常に為替変動リスク（単に、為替リスク）を考えておく必要があります。もちろん国内で自国通貨を利用する場合は、為替相場の変動には無関係なので、その価値に変化はありません。しかし、自国通貨を外国通貨に変換して買い物や株取引などの金融取引を行う場合は、為替相場の変動によって金額が大きく異なることがあります。

2. 各国の政策金利などを考慮する必要がある

　国が異なれば、大なり小なり、政治や経済の情勢も異なります。たとえば、インドやブラジル、アルゼンチン、トルコなど、経済基盤がぜい弱な新興国に投資する場合には、注意が必要です。それは、それほど経済に影響が出ないような事件が起きた場合でも、急激に通貨価値が下がったり、景気の急落が起こったりすることがあるからです。

　また、どこの国でもそうですが、経済情勢に応じて、金融にかかわ

るコスト（金利負担）やリターン（儲け）が変わってきます。事実、日米欧の金利が超低金利にあるにもかかわらず、オーストラリアやニュージーランド、南アフリカ共和国などでは、高金利状態が続いています。当然、それらの国の預金金利は日本より高く設定されています。したがって、こうした国々の通貨に手持ち通貨を換えて預金すれば、為替リスクは伴うものの、金利面だけで考えれば、日本の銀行に預けておくより高い利率で預金することができます。

3. 世界全体の金融機関を統括する中央銀行は存在しない

　国内金融には中央銀行がありますが、国際金融には世界の金融機関全体を統括するような単独の公的金融機関は存在しません。しかし、世界経済がこれだけグローバル化すると、ある国の大手金融機関の問題が、世界経済全体に大きな影響を与える可能性が十分考えられます。そうしたことから、様々なリスクを回避するために、世界の多くの国同士が一致協力して、G7（注1）やG20（注2）などを開催することで、リスクを回避の話し合いを行っています。

　（注1）日本、米国、英国、ドイツ、フランス、イタリア、カナダの主要
　　　　　7か国グループの略称。または、その首脳たちの会議を指します。
　（注2）G7や欧州連合（EU）、ロシア、新興経済国11か国の国・地域か
　　　　　らなるグループの略称。または、その首脳たちの会議を指します。

＜G20参加国・地域の概要＞

名目GDP（2018年、単位兆ドル）
日本5.0、オーストラリア1.4、韓国1.6、中国13.4、ロシア1.6、インドネシア1.0、インド2.7、サウジアラビア0.8、トルコ0.8、米国20.5、英国2.8、ドイツ4.0、南アフリカ0.4、フランス2.8、イタリア2.1、カナダ1.8、ブラジル1.9、アルゼンチン0.5、メキシコ1.2、欧州連合18.8

世界に占める割合
GDP85%、投資額80%、貿易量75%、人口66%

36 具体的な国際金融取引

> **Q** 国際金融取引には、インパクトローンやFX、デリバティブなどがあります。具体的にどのような取引を行うか、ご存じですか？

> **A** インパクトローンは、米ドルやユーロなど外貨建てで貸付を行う商品で資金使途に制限がありません。FXは外国為替証拠金取引で、一定の証拠金を元手に、その何倍かの外貨を売買する商品取引のことです。また、デリバティブは、将来の時点における金融商品の売買に関する契約のことをいいます。

＜解 説＞

1. 業態別商品

　①銀行：預金には外貨普通預金、外貨定期預金など、貸出にはインパクトローンなど、為替には外国為替取引（貿易取引、貿易外取引、外貨両替など）があります。

　②証券会社：外国株式、外貨建て債券、FX（外国為替証拠金取引）などがあります。

　③保険会社：生命保険会社では外貨建て生命保険など、損害保険会社では海上保険、貿易保険（注1）などがあります。

2. デリバティブ及びM&A

　(1) デリバティブ（担当：銀行や証券会社など）

　デリバティブ（DERIVATIVE）とは、金融派生商品のことです。一般の金融取引は、現時点で商品を売買する契約であるのに対して、金融派生商品は、将来の時点における商品の売買に関する契約です。

　商品には、金融先物（為替予約（注2）、オプション取引（注3）、スワッ

プ取引（注4）、商品先物（金、白金、銀、パラジウム、原油、ゴム、トウモロコシ、大豆、小豆、粗糖）があります。

(2) M&A：(担当：銀行や証券会社など)

M&A とは、合併を意味する MERGER と買収を意味する ACQUI-SITION の略で、一般的に企業買収と言われています。企業を買うということは、相手企業の株式を購入して経営権を握ることですが、すべての株式を手に入れる必要はありません。過半数を取得すれば取締役を選任できるので、実質的に経営権を握ることができます。

米国を中心に海外では、古くから M&A を事業再構築や活性化の起爆剤として活用されてきましたが、日本ではあまり活用されませんでした。それが、今では経営戦略の1つになっています。主な目的は、市場開拓、競争力強化、技術革新、グローバル化対応などです。

国内市場が成熟し、かつ人口減少が見込まれる日本企業にとって、今後も成長し続けるには国外に進出せざるを得ません。つまり、M&A は自然の成り行きと言っても過言ではないのです。

譲渡企業のメリット	譲受け企業のメリット
○事業承継問題の解決 ○企業の存続・発展と社員の成長 ○創業者利潤の確保と個人保証解除	○必要な経営資源を時間をかけずにリスクを少なく取得して事業を開始できる

(注1) 貿易保険：輸入者の信用リスクや輸入国のカントリーリスクにより発生する輸出者の被害を補填する保険制度で、株式会社日本貿易保険が担当しています。

(注2) 為替予約：先物為替相場に関する契約をいいます。

(注3) オプション取引：ある商品を将来のある期日（満期日）までに、その時の市場価格に関係なくあらかじめ決めた特定の価格で買う権利または売る権利を売買できる取引です。

(注4) スワップ取引：直物の買いと先物の売り、逆に直物の売りと先物の買いなど、異なる時点の売買を同金額で同時に行う取引です。

37　イスラム金融とは？

Q イスラム教は、世界三大宗教の一つですが、金融にもイスラム金融という言葉があります。どんな金融か、ご存じですか？

A イスラム金融とは、イスラム教の教えであるシャリア（イスラム法）に則った金融取引で、利子の授受が禁じられています。そのためリース料や配当金などを利子の代りにしています。

＜解　説＞

1. イスラム金融とは？

　イスラム教の教義では、金利や保険は不労所得に当たるとして禁じられています。その代替措置として、投資を中心にしたスキームで行われるのがイスラム金融です。具体的には、物品の売買価格の差額、リース料、配当金などを組み合わせて、利子の代りにします。もちろん、賭博や酒、武器等に関する事業へは投資できません。

　たとえば、自動車を買いたいAさんがいます。日米欧などの銀行であれば、Aさんに自動車を買う資金を融資し、Aさんは購入した後、元金に利息を付けて銀行に返済します。それに対してイスラム金融の場合は、銀行が自動車を買って代金を支払い、買った自動車をAさんに手数料を加えて銀行が売るという仕組みです。

　一般の金融の場合、お金が動くので、お金がお金を生むことがありますが、イスラム金融では必ずモノ（商品、物）の動きが伴うので、バブルが発生することはありません。つまり、借りたお金を投資して増やすことはできないという意味で、極めて堅実なやり方と言えます。

　サウジアラビアのイスラム開発銀行の会長は、「投機ではなく、投

資が重要であり、マネーゲームをする銀行とは一線を画しています。最も重要なことは、投資する側と投資される側が、お互いにリスペクトすることで、我々は相手が投資先として適切かどうかをしっかりと見極めています」と言っています。極言すれば、これが本来の金融であり、投機に走らない本物の金融経済なのかもしれません。

2.　イスラム金融の起源と動向

　イスラム金融は、1970 年代にドバイやバーレーンなどの中東諸国を中心に普及しました。まず 1975 年に、世界初のイスラム金融の専門機関であるドバイ・イスラム銀行が設立され、中東諸国から同じイスラム圏であるマレーシアやインドネシアに広がっていきました。

　イスラム金融が必要とされた理由の 1 つは、イスラム教徒の義務、メッカ巡礼のためです。それにはまとまった資金が必要ですが、一般的に利子が生じる貯金は教義で認められていません。そこで、政府が巡礼基金公社を設立し、巡礼者から資金を受け入れ、巡礼する時に配当金として巡礼者に渡すというスキームが考案されたのです。

　現在、マレーシアとバーレーンがイスラム金融の二大拠点で、双方とも資金規模は右肩上がりで推移しており、残高は 1 兆ドル（100 兆円）を超えています。また、ギャンブルのような投機で世界に金融不安や金融危機が広がった反省から、今後はイスラム金融そのもの、あるいはイスラム金融的な考え方が広がっていくことも考えられます。

<イスラム金融の概要>

①金銭の使用に対して利息（リバー）を課すことを禁止
②契約中の不確実性（ガラール）を禁止
③投機行為（マイシール）の禁止
④イスラム教徒が豚肉、酒類、タバコ、武器などの特定の禁制品（ハラーム）を使用または取引することを禁止
　なお、上記の禁制品（ハラーム）を取り扱う事業に対してイスラム教徒が資金供与することも禁止されているため、豚肉加工事業や酒類の製造販売事業へ投融資することはできません。

第5章

金融商品にはどんなものがあるの？

38 預金・貯金・貯蓄

Q 金融商品というと、最初に思い浮かぶのが預金・貯金だと思います。預金・貯金とは、どういう商品なのでしょうか？

A 都市銀行、地方銀行、信用金庫、信用組合、信託銀行、商工組合中央金庫、ネット銀行などにお金を預ける商品を預金、ゆうちょ銀行（郵便局）、農業協同組合、漁業協同組合などにお金を預ける商品を貯金と言います。

＜解　説＞

1．預金とは？

　銀行などの金融機関にお金を預けることを預金と言います。全国各地にある預金取扱金融機関の店舗、いわゆる本支店で利用できます。都市銀行や地方銀行、信用金庫、信用組合、信託銀行、商工組合中央金庫、そしてデジタル化の進展に伴い急成長しているネット銀行などで取り扱っています。代表的な預金をあげると、普通預金や定期預金、積立預金、当座預金、通知預金、納税準備預金、譲渡性預金（CD）、そして外貨預金などがあります。

2．貯金とは？

　預金のほかに、貯金という言葉もよく耳にします。これはゆうちょ銀行（郵便局）や農業協同組合、漁業協同組合などで使用される用語で、利用面において預金と実質的な違いはありません。一般的に預金は、金融機関にお金を預けて運用してもらう行為で、貯金はお金を預けて運用してもらい、さらに預けた金額よりも増やすと言われています。つまり、貯金の方がお金を貯めるという行為を幅広く表しており、

預金はこの貯金に含まれると考えられています。

3．貯蓄とは？

　預金や貯金よりさらに幅広い意味で使われるのが貯蓄という言葉です。貯蓄とは、預金を含めた貯金にとどまらず、金銭以外の形を持ったすべての金融資産（たとえば、株式、債券、保険など）を意味します。体系的にまとめると、以下のようになります。

①預金：銀行や信用金庫、信用組合、商工中金、ネット銀行などの金融機関にお金を預けること。具体的には、普通預金、定期預金、積立預金、外貨預金などが該当します。

②貯金：ゆうちょ銀行や農業協同組合、漁業協同組合などにお金を預けること。その他、貯金箱の小銭、タンス貯金なども該当します。

③債券：証券会社、投資信託会社、投資顧問会社などの金融機関にお金を預けること。具体的には、株式、国債、地方債、社債、投資信託、FX（外国為替証拠金取引）などが該当します。

④保険：生命保険会社などの金融機関にお金を預けること。具体的には、生命保険（外貨建ても含む）、個人年金保険、学資保険、終身保険などが該当します。

　上記以外にも、世界経済の低迷や日米欧の金融緩和などから人気を集める金やプラチナなど、地金商が取り扱う貴金属に投資する純金積み立てなども広義では貯蓄と言えます。このように貯蓄の概念は預金や貯金よりも広く、金融商品に投資商品を加えたものと言えます。

<金（ゴールド）の主な魅力>

1．有事のリスクを軽減する（紛争やテロなどの影響を受けづらい） 2．暴落するリスクを軽減する（債券や株式に比べて経済情勢や企業の業績に影響を受けづらい） 3．投資リスクを軽減する（不動産や骨董・美術等に比べて資産価値が安定している）

39 預金の種類

Q 預金は、要求払預金と定期性預金の2つに分けられます。
それぞれどのようなものか、またその違いをお分かりですか？

A 普通預金のように請求があればいつでも払戻しが請求できる
要求払預金と、定期預金のように一定期間が経過しないと払戻請
求できない定期性預金があります。

<解　説>

1. 要求払預金と定期性預金

　要求払預金とは、預金者の要求により直ちに払い戻される預金の総
称で、流動性預金とも言われます。普通預金、当座預金、通知預金、
納税準備預金、別段預金、外貨普通預金などがあります。一方、定期
性預金は預入れから一定期間（満期日）まで原則として引出しができ
ない代わりに、要求払預金と比べ金利が高く設定されています。スー
パー定期預金、期日指定定期預金、大口定期預金、変動金利定期預金、
積立定期預金、譲渡性預金（CD）、外貨定期預金などがあります。

2. 要求払預金の種類

①普通預金：いつでも預入れ・引出しのできる預金として、個人の家
　計・貯蓄のほか企業などの事業用預金としても利用されています。
②当座預金：小切手や手形の支払資金として預け入れる預金で、主に
　企業の資金決済口座として利用されています。
③通知預金：預入れ後、7日間の据置きが必要で、払戻日の2日前ま
　でに予告すれば払い戻しができます。
④納税準備預金：納税義務者が納税に備えるためのもので、その払戻

しは原則納税に充てる目的だけに限られます。

⑤別段預金：雑預金とも呼ばれ、他のいずれの預金にも属さない一時的な預り金、ないし保管金を管理するために設けられる預金です。

⑥外貨普通預金：外貨建ての預金で、国内の円普通預金と同じ仕組みです。詳細は、外貨預金の項を参照してください。

3．定期性預金の種類

①スーパー定期預金：一般的に預入金額が 300 万円未満で満期期間の定めがあるものを言います。

②期日指定定期預金：預入期間が 1 年以上で、1 年間の据置期間経過後は、前もって解約告知をすれば、金額にかかわらず払い戻すことができます。

③大口定期預金：最低預入金額が 1,000 万円以上の比較的金額の大きい定期預金です。

④変動金利定期預金：預入日から満期日までの間に、一定幅の市場金利の変動があった場合に連動して適用金利が変わります。

⑤積立定期預金：一定の期間を定め、毎月またはいつでも一定または任意の金額を預け入れ、満期日にまとめて受け取ることができます。

⑥譲渡性預金（CD）：第三者に譲渡可能な定期預金で、その金利は現先市場や手形市場などの金利動向に強く影響されます。期間中の中途解約はできませんが、流通市場において CD 現先などにより資金化することができます。

＜譲渡性預金（CD）の特徴＞

・満期日以後に一括して払戻し　　・譲渡可能（中途転売可能）
・預金保険の対象ではない　　・満期日以後は利息を付けない
・発行者の経営・財務状況の変化およびそれらに関する外部評価等により、損失を被ることがある　等

⑦外貨定期預金：外貨建ての預金で、国内の円定期預金と同じ仕組みです。詳細は、外貨預金の項を参照してください。

40 外貨預金

Q 外貨預金とは、外国通貨建ての預金です。どのような種類の預金があり、どのような金利が付くのでしょうか？

A 外貨預金には、普通預金と定期預金の２種類あります。金利は、当該通貨の東京ドルコール市場やユーロ市場などの市場金利を参考に決められます。

＜解 説＞

1. 外貨預金の特徴

　外貨預金とは、文字通り、米ドル（USD）やユーロ（EUR）、英ポンド（GBP）、スイスフラン（CHF）、オーストラリアドル（AUD）などの外国通貨で預け入れる預金のことで、外貨普通預金、外貨定期預金の２種類があります。仕組みは国内円の場合と同じですが、外貨で出し入れするという点が異なります。いつでも引き出せる外貨普通預金と、外貨普通預金より通常金利が高く、一定期間預け入れる外貨定期預金があり、目的に応じて使い分けることができます。

　外貨預金の金利は、各国の金利水準が反映されます。つまり、金利の高い国の外貨預金をすることによって、多くの利益を得ることができます。また、預入時よりも円安の為替相場で外貨を円に替えれば、為替差益を得ることもできます。しかし、逆に円高になれば為替差損を被り、最悪の場合、元本割れになる恐れがあります。もう１つ、円を外貨に交換したり、外貨を円に交換する際には必ず為替手数料が掛かるので、それだけで元本割れになる可能性もあります。

　以上から、外貨預金を運用する際には、外貨安・円高による為替差

損があること、外貨を交換する際には、必ず為替手数料が掛かることの２点に留意する必要があります。もう一つ、上記の為替変動リスクと元本割れリスクがあるため、預金保険の対象になっていないことにも留意する必要があります。

＜外貨預金の概要＞

運用方法	通貨を直接買って預金する
レバレッジ	なし
金利	預金金利
売買方法	取引の開始は、通貨の買いだけで、円安時のみ為替益が得られる。
為替手数料	米ドル/円の場合、１～２円程度
元本保証	外債建てでは、元本は保証される。円高時には、為替差損が生じる。

2.　外貨預金の種類

（1）外貨普通預金

出し入れ自由で、利息が付きますが、現在は日米欧などの超低金利政策により、一部の通貨を除いてほとんど無利息の状態です。それでも外貨での運用または外貨での決済手段として、多くの企業や個人が利用しています。主な取扱通貨には、米ドル、ユーロ、英ポンド、スイスフラン、オーストラリアドルなどがあり、適用金利は各通貨の市場金利を参考に決定されます。

（2）外貨定期預金

預入期間を定めて、その期間中の払出しを認めない預金です。預入期間は、たとえば３カ月、６カ月、１年、○○月○○日～××月××日など、自由に設定できます。取扱通貨は外貨普通預金と同じですが、それ以外の通貨でも金融機関の判断で取り扱うことは可能です。金利は、東京ドルコール市場やユーロ市場などの金利を参考に決定され、各金融機関とも独自の金利を適用しています。

41 外貨預金の特徴

Q 外貨預金での運用で、留意しなければならないのは、為替相場の変動と為替手数料による元本割れリスクです。具体的に、どのようなことに注意すれば良いのでしょうか？

A 外貨購入時の相場より外貨安・円高になれば、為替差損が発生します。また、為替相場の変動がなくても、預入時と引出時の為替手数料がかかるため、受取外貨の円貨換算額が作成時の払込み円貨額を下回ることになります。

<解　説>
1. 外貨預金のリスク

　外貨預金が国内円預金と本質的に異なる点は、為替相場の変動リスクを伴う点です。外貨に交換した時よりも円高の水準で円に戻せば、為替差損が発生します。一定期間、外貨預金に預け入れ、再び円に戻すということは、銀行から外貨を買って、一定期間後に、その外貨を再び銀行に売ることを意味します。この外貨購入時の相場より、売却時の相場が外貨高（円安）ならば為替差益が発生しますが、逆に外貨安（円高）であれば為替差損が発生するわけです。

　また、外貨預金預入（作成）時の適用相場は電信売相場（TTS）、引出（支払）時の相場は電信買相場（TTB）のため、為替相場の変動が全くなくても、1通貨単位当り「TTS－TTB」の為替差損が発生します。たとえば、米ドルであれば、1米ドル当たり1円を含んだ為替相場のTTS（預入時）、TTB（支払時）が適用されます。つまり、円を外貨に交換する、外貨を円に交換する際には、必ず為替手数料が

掛かるので、為替相場に変動がなくても、往復（預入時と引出時）の為替手数料、米ドルでいえば1米ドル当たり2円掛かります。このように外貨預金には、受取外貨の円貨換算額が当初外貨預金作成時の払込み円貨額を下回る（円ベースで元本割れとなる）リスクがあります。

＜1万米ドル（100万円）預け入れる場合＞（公示仲値 TTM＝100円）

取引内容	購入・売却時の計算
預け入れ	100万円÷101円（TTS）＝9900.99米ドル購入
払い戻し	9900.99米ドル×99円（TTB）＝980,198円払い戻し
手数料合計	1,000,000円−980,198円＝**19,802円（為替手数料）**

2. 預金金利等

　外貨預金の金利は、各金融機関が自由に決定できますが、市場動向を無視して勝手に決めているわけではありません。当該預入通貨の金融市場、たとえば東京ドルコール市場やユーロ市場などにおける取引金利、すなわち市場金利を基準に決められています。

　しかし、2008年9月のリーマンショックを契機に世界各国の金利は大幅に低下し、欧州中央銀行（ECB）や日銀（BOJ）はマイナス金利政策を取っています。

　なお、外貨普通預金に預入期間の定めはありませんが、外貨定期預金には、原則、毎営業日金利を公示している1カ月、2カ月、3カ月、6カ月、1年物があります。ほかにも満期日をある特定日に設定する、定期預金も作成可能です。

　原則として、期日前解約はできませんが、金融機関がやむを得ないと認めて応じる場合は、預入日から期日前解約日までの適用利率が期日前解約日における当該通貨建ての外貨普通預金利率となります。

　上記の通り、外貨預金には、為替相場の変動リスク及び元本割れリスクがあるので、預金保険の適用対象から除外されています。また、少額貯蓄非課税制度（いわゆる、マル優）の対象にもなりません。

42 貸出

Q お金を借りることやお金を貸すことを、借入、貸出、貸付、融資と言います。これらは、どこが違うのでしょうか？

A 借入は借りる側が、貸出、貸付、融資は貸す側が使う用語ですが、いずれもお金を貸借するという点では同じです。

<解　説>

1. 貸出とは？

　国語辞典では、「借入とはお金を他人から借りること、貸出とはお金を他人に貸すために出すこと、貸付とは期日や利息などを取り決めてお金を他人に貸すこと、融資とは必要なお金を銀行などの金融機関が貸し出すこと」と書かれています。この4つのうち、本書では最も広義に解釈される貸出を中心に説明します。

　都市銀行や地方銀行をはじめとした金融機関は、預金業務によって集めた資金を運用して収益を上げます。運用方法は、大半がお客さまへの貸出で、一部は株式や債券などの有価証券へ投資します。つまり、金融機関が行う資金運用による収益の中心は貸出による収入（貸出利息などの受入）であり、その運営の如何が金融機関の優劣を決める大きな要素になります。

　しかし、2013 年 4 月に日本銀行がマイナス金利・異次元緩和政策を実施して以来、銀行をはじめとした金融機関は厳しい環境におかれています。また、デジタル化やグローバル化などの経済・産業・社会の構造変化を受けて、金融業界はフィンテックやキャッシュレス決済をはじめとした次世代金融への変革が求められています。

＜日本のマイナス金利政策＞

実施日：2016年2月16日

概要：民間銀行の日銀当座預金にある超過準備に対して－0.1％のマイナス金利を課す。

現況：各金融機関の総資金利鞘が減少し、2017年3月決算の段階で20行が逆ざやの状態になる。そのため収益改善を目的に、顧客から口座維持手数料を徴収することが検討されている。

2. 貸出の分類

（1）期間による分類

　1年以内のものを短期貸出、1年を超えるものを長期貸出と言い、長期貸出は短期貸出に比べて金利が高い分、金融機関の収益は上がります。しかし、資金の流動性を低下させるため、定期預金に比重がある金融機関は、調達コストとのバランスを考慮する必要に迫られます。

（2）使途による分類

　事業資金：企業や個人の事業のための貸出です。原材料・商品の仕入れや人件費などの営業活動に使われる運転資金と、社屋や工場などを建設するための設備資金があります。なお運転資金には、毎年特定の季節に定期的に発生する季節資金、決算期に配当や税金を支払う決算資金、貿易取引に必要な貿易資金などがあります。

　消費資金：個人消費のための貸出で、消費者金融などがあります。

　財政資金：国や地方自治体に対する貸出です。国が、政府系金融機関を中心とする特殊法人などに、公的な資金を投融資する財政投融資という制度もあります。

（3）担保の有無による分類

　無担保貸出：担保なしの貸出が多くなると、貸出の安全性に注意が必要になります。

　担保付貸出：担保の種類によって、預金担保貸出、有価証券担保貸出、商業手形担保貸出、不動産担保融資などがあります。

貸出の種類（貸出の方法）

Q 貸出には、どのようなものがあるのでしょうか？

A 手形貸付、証書貸付、当座貸越、商業手形割引、でんさい割引、インパクトローンなどがあります。

<解　説> ————————————————————

1．手形貸付

　手形貸付は、金融機関宛てに貸出先が振り出す約束手形を使って貸付を行うもので、最も一般的な貸出の方法です。主として、企業の短期運転資金の供給に用いられます。手形期間は3〜6カ月で、約束手形の満期日が貸出の返済期日となります。

2．証書貸付

　証書貸付は、比較的長期間の貸出に多く利用される方法で、貸付金額や返済の方法などの条件を定めた契約を貸出先と締結して行います。個人の住宅ローンも、この証書貸付による貸出に該当します。

3．当座貸越

　当座貸越では、金融機関は当座勘定取引先との契約に基づき、当座預金の残高を超えても一定の貸越極度額までは手形や小切手の支払を行います。契約終了時に当座貸越は解消（返済期限）されるため、あらかじめ返済期限を約束して貸越をすることで貸出額に応じて利息を受け入れるわけです。一般個人の総合口座でも、普通預金残高を越えた一定額までの払戻しを当座貸越として取り扱っています。

4．商業手形割引

　金融機関が、取引先が取得した手形を額面金額から手形期日までの

割引料（利息相当分）を差し引いた金額を買い取る（割り引く）のが商業手形割引です。割り引いた手形は、期日に額面金額が支払われるので、金融機関は割引料を利息として受け入れます。

　金融機関にとっては、買い取った手形が貸出の回収原資となるので、貸出先（割引依頼人）だけでなく、手形の支払人の信用状況も調べる必要があります。主に企業に対して短期の運転資金を融資する場合に利用される商業手形割引は、手形貸付と並ぶ主要な貸出方法です。

5. でんさい割引

　でんさい割引とは、株式会社全銀電子債権ネットワークの利用者が、商取引に基づいて代金支払のために発生させた支払期日未到来の電子記録債権（でんさい）を、金融機関が満期日までの割引料を差し引いた金額で買い取ることを言います。その特徴は、以下の通りです。

<電子記録債権の特徴>

手　形	<従来>①作成・交付・保管コスト、②紛失・盗難リスク、③分割不可 <電子記録債権>①電子データの送受信により発生・譲渡、②記録機関の記録原簿で管理、③分割可
売掛債権	<従来>①譲渡対象債権の不存在・二重リスク、②譲渡を債務所に対抗するために、債務者への通知等が必要、③人的抗弁を対抗されるリスク <電子記録債権>①電子記録により債権の存在・帰属を可視化、②債権の存在・帰属が明確であり、通知は不要、③原則として人的抗弁は切断

6. インパクトローン（IMPACT LOAN）

　貸出の目的とか資金使途に制限のない外貨建ての貸付のことで、この言葉は、米ドルなどの外貨を運転資金などに充てることにより、雇用や所得が増え、経済に衝撃（インパクト）を与えるといった意味合いから生まれたと言われています。現在では、主に米ドル建てなどの外貨建ての融資のことをインパクトローンと呼んでいます。

44 債券

Q 現在、国債や地方債、政府保証債、社債、金融債、外債など、国内、国外ともに様々な発行元の債券が存在しています。債券とは、一言で言うと何なのでしょうか？

A 一言で言うと「借用証書」のことです。債券は国や企業が広くお金を集めるために発行する有価証券で、主に国が発行する国債と企業が発行する社債の2つがあります。

＜解　説＞

1. 債券とは？

　債券とは、国や地方自治体、政府関係機関、企業、金融機関などが資金調達のために発行するもので、償還期限（満期日）がある有価証券のことです。基本的に不特定多数の人から多額の資金を借りるため、ストレートに表現すれば「発行元の借用証書」と言えます。償還期限と利率が決められているので、債券の購入者は、利払日に利息を受け取ることができます。また、期限（満期）まで保有すれば券面の金額を受け取ることができます。

　債券の場合、株式ほどのリターンは期待できません。最大の魅力は、安定性です。特に強みを発揮するのが、金融市場が混乱してリスク回避の動きが強まった時です。

2. 債券の種類（発行元による分類）

①国債：債券市場で取引される商品の代表が国債です。国債は、国すなわち政府が発行する債券で、正式名称は「国庫債券」と言います。すべての債券のなかで最も信用性の高い債券で、超長期国債（償還

期間 10〜40 年）、長期国債（10 年満期）、中期国債（2〜5 年）、個
人向け国債などがあります。

②地方債：都道府県や政令指定都市など、地方自治体が発行する債券
です。原則的に公営企業（交通、ガス、水道など）の経費や建設事
業費の財源を調達する場合に発行できますが、例外的に通常収支の
不足を補填する臨時財政対策債が認められています。

③政府保証債：政府関係機関が財源を集めるために発行する債券です。
政府が元本の返済や利子の支払を保証しているため、国債に次ぐ信
用力があります。主に機関投資家向けに販売されます。

④社債：株式会社などの企業が発行する債券です。社債を購入するこ
とは、当該企業にお金を貸すことと同じなので、発行する企業によっ
て信頼性は異なります。社債は、企業が破綻しない限り利子と償還
金が支払われるため、株式や投資信託より安全な資産とされていま
す。発行形態には普通社債（ストレートボンド：SB）、転換社債（CB）、
ワラント債、劣後債、電力債などがあります。

⑤金融債：企業が発行元の社債に対して、金融債は特定の金融機関が
発行します。現状では、ほとんど流通していません。

⑥外国債：ある市場で外国の企業や政府などが発行する債券で、外債
とも言います。日本の企業がスイスなどの外国市場で発行するケー
スや、外国の企業が日本市場で発行するケースなどがあります。債
券の通貨は、外貨建て、円建ての両方可能です。

<世界の国債格付け（一部）>

ＡＡＡ	スイス、オランダ、カナダ、ドイツ　ほか
ＡＡ＋	米国、フィンランド、オーストリア　ほか
ＡＡ	英国、フランス、ベルギー、欧州連合　ほか
ＡＡ−	中国、チリ、チェコ、中華民国、韓国　ほか
Ａ＋	日本、イスラエル、アイルランド　ほか

（注）スタンダード＆プアーズ（2019 年 7 月）より

45 株式

Q 投資の対象として、最も分かりやすいのが株式で、成功の条件は銘柄選びにあります。株式とは、何なのでしょうか？

A 一言で言えば、株主の権利です。そして、株式会社が資金調達するために発行する有価証券でもあります。

＜解　説＞

1. 株式（株、株券）とは？

　株式会社に対する出資者の持分のことです。株式会社は、複数の人が資金を出資し、出資額に比例して会社のオーナーとしての権利と義務を持つという仕組みになっています。つまり株式とは、この仕組みの中で出資者の持つ権利と義務のことを意味します。具体的には、株主総会に出席して経営に参画する、利益の一部を配当としてもらうといったことですが、それが次第に株主であることを証明する有価証券、すなわち株券の意味で使われるようになり、現在では、株式、株そして株券は、同義語として使われています。

　そもそも株式は、経済のファンダメンタルズ（基礎的条件）の変化を予見して動く優れた投資対象です。米国の住宅バブル崩壊が世界的な金融危機を誘発した 2008 年のリーマン・ショックも、2007 年に世界の株価が天井を付けたことで、この波乱を予見していました。なお、一般的に株価は、実体経済の半年先を予想して動くと言われています。

2. 株式投資

　株式投資で利益を得るためには、投資する銘柄の株価が、これから先、どう変化するかを読む必要があります。株式投資の基本は、安く

買って高値で売るという売却益と、決算期ごとに支払われる配当金や株主優待狙いですが、実際にどの銘柄が明日から勢いよく上昇するかは誰にも分かりません。しかし、手がかりはあります。たとえば、以下の3つの指標を押さえることで銘柄を選ぶ判断材料が得られます。

　代表的なのが、「PER」（株価収益率）です。株価を1株当たりの純利益で割った数値で、PERが高いと割高、低いと割安となります。

＜前提：株価1,000円、1株当たりの純利益50円、PER20倍＞
○株価が500円に下がった場合
　PERが10倍になるので、割安になります。
○1株当たりの純利益が1,000円になった場合
　同じくPERが10倍になるので、割安になります。

　もう1つは、「PBR」（株価純資産倍率）です。株価を1株当たりの純資産で割った数値で、高いと割高、低いと割安と判断されます。3つ目が、「ROE」（自己資本利益率）です。純利益を自己資本（純資産）で割った数値で、自己資本の活用により、どれだけ利益をあげたかをみます。数値が高いほど効率経営ができているとされます。

　コロナショックが一段落し、各国の財政出動や金融緩和などの対策も出揃ったことで、世界的な景気後退は回避できるとの見方が強まり、米国株をはじめ出遅れ感のあった日本株や欧州株にも資金が戻りつつあります。しかし、株高の主役は、あくまでも世界的な金融緩和を背景とした過剰流動性、つまりカネ余り相場です。であれば、今後も株高が続くかというと、そうとは言いきれません。一部の長期投資家が米中対立や中東情勢、香港問題などの地政学リスクを懸念して慎重姿勢を崩さないように、相場においては「常に油断は禁物」です。

　いずれにしても、混迷の時代だけでなく、いかなる時代にあっても、株式会社という企業である以上、さまざまなリスクが内在します。そうした中にあって、経済のファンダメンタルズに左右されない企業がもつ収益力の強さが、世界中の投資家をひきつけてやまないものです。

46 投資信託

Q 投資信託と言われても、基本的にお金の運用を投資の専門家（他人）に任せてしまうため、何故かスッキリしません。投資信託とは、いったいどんなものなのでしょうか？

A 投資の専門家が、投資家から集めた資金を、国内はじめ世界各国の債券や株式、不動産、コモディティー（商品）などの資産で運用し、その運用収益を投資家に分配する仕組みの金融商品です。もちろん、運用次第で損失を被る場合もあります。

＜解　説＞

1．投資信託とは？

　投資家から集めたお金をひとつにまとめ、運用の専門家が債券や株式などに分散投資・運用する仕組みの金融商品で、運用成果はそれぞれ投資額に応じて配分されます。個人が分散投資するには、多額な資金が必要ですし、そもそも選択する銘柄に迷ってしまいます。投資信託であれば、初心者でも少額から安心して安全に投資できるし、場合によってはかなりの利回りを確保することができます。

　集めた資金をどのような対象に投資するかは、投資信託ごとの運用方針に基づいて専門家が選定するため、市場環境などによって運用成績は変動します。運用がうまくいき利益を得られることもあれば、運用がうまくいかず投資した額を下回り、損をすることもあります。

　投資信託はあくまで投資であって、銀行などの預貯金とは性質が異なります。なかには安全性の高い国債などを中心に分散投資する投資信託もありますが、元本を保証した投資信託はありません。実際、安

全性が高いと言われる国債などの投資信託でも、市況の低迷などを反映して、元本割れするケースがあります。

　いずれにしても収益をもたらす一方、損失の可能性もあります。つまり、「後悔しないよう投資先は自分で決める」「自分で選んだ運用結果を素直に受け止める」という自己責任が投資家の大前提になります。

2．投資信託の種類

①対象資産による分類

　　債券：国や企業などが発行した債券で運用します。

　　株式：企業が発行した株式は、債券よりも値動きが大きいため、比較的大きな運用益を狙えます。ただし思惑が外れた場合、リスクが大きくなります。

　　不動産：リート（REIT）と言い、オフィスビルや商業施設、ホテルなどを所有し、その賃料収入や売却益を投資家に分配します。

　　コモディティー：金（ゴールド）や原油、穀物などの商品で運用します。

②対象地域による分類

　　日　本：日本国内の資産を対象に運用します。

　　先進国：米国や欧州などの先進国の資産を対象に運用します。

　　新興国：発展を遂げている新興国の資産を対象に運用します。

③運用方法による分類

　　インデックス型：各種指数（日経平均株価や東証株価指数など）に連動する運用成果を目指す運用方法です。

　　アクティブ型：各種指標を上回る運用を目指す運用方法で、担当者の腕次第と言われています。

<インデックス型とアクティブ型の違い>

	目　的	リスク	保有コスト
インデックス型	平均点で十分	最小限	低い
アクティブ型	積極的に利益追求	応分のリスク許容	高い

47 | ETF、REIT、ESG、SDGs

Q ETF、REIT、ESG 投資、SDGs 投資が注目を浴びています。それぞれどのようなものなのでしょうか？

A ETF は上場投資信託、REIT は不動産投資信託のことです。一方、ESG 投資は環境、社会、企業統治の３分野に対する企業の取組みを参考に投資先を選ぶ手法、SDGs 投資は持続可能な開発目標の達成に貢献する企業の株式に投資を行うことです。

＜解　説＞

1．ETF（EXCHANGE TRADED FUND）

　ETF は、株式のように証券取引所に上場されている投資信託です。一般的な投資信託は、専門家がさまざまな債券や株式などを売買しながら運用しますが、ETF は日経平均株価や東証株価指数（TOPIX）、債券価格の指数、商品価格の指数、海外の株価の指数などに値動きが単純に連動するように設計されています。たとえば、日経平均株価が1％上がれば、連動する ETF も同じように1％上がる仕組みです。

2．REIT（REAL ESTATE INVESTMENT TRUST）

　不動産投資信託のことで、リートと読みます。投資家から集めた資金でオフィスビルや賃貸マンションなど複数の不動産を購入し、物件から得る賃料収入や売却益を投資家に分配金として支払う仕組みです。実物不動産を買うとなると、数千万円規模の資金が必要になりますが、REIT であれば数万円程度の少額から投資ができます。

　REIT は、証券取引所に上場しており、株式と同じように売買できます。一般的に債券や株式に比べて流動性が低くいと言われる不動産

を、市場に上場することで流動性を確保しています。市場で売買が行われるため、上場株式と同じように売買することができます。

3. ESG 投資

ENVIRONMENT（環境）、SOCIAL（社会）、GOVERNANCE（企業統治）の略称で、3つの英単語の頭文字を組み合わせた造語です。売上高や利益といった財務指標の分析だけでなく、環境保護や社会貢献、企業統治など、将来の持続可能性につながる非財務情報をもとに、優秀な企業を選ぶ投資手法です。

具体的な評価項目は分野ごとに分かれています。環境では、地球温暖化への対応や水資源保護、社会では地域社会への貢献や労働環境の改善、企業統治では法令順守や情報開示などが対象になります。

4. SDGs 投資

SUBSTAINABLE DEVELOPMENT GOALS の略称で、持続可能な開発目標への投資という意味です。持続可能な開発目標とは、あらゆる形の貧困を解消し、不平等を撲滅し、気候変動の改善などを実現しようとするもので、17 の目標と 169 のターゲットの達成を目指します。

上記の ESG 投資と同様に、SDGs 目標の達成への貢献が期待される企業は、投資の対象として注目されることになります。

<SDGs17の目標>

1. 貧困をなくそう　2. 飢餓をゼロに　3. すべての人に健康と福祉を　4. 質の高い教育をみんなに　5. ジェンダー平等を実現しよう　6. 安全な水とトイレを世界中に　7. エネルギーをみんなに そしてクリーンに　8. 働きがいも経済成長も　9. 産業と技術革新の基盤をつくろう　10. 人や国の不平等をなくそう　11. 住み続けられるまちづくりを　12. つくる責任 つかう責任　13. 気候変動に具体的な対策を　14. 海の豊かさを守ろう　15. 陸の豊かさも守ろう　16. 平和と公正をすべての人に　17. パートナーシップで目標を達成しよう

48 | FX （外国為替証拠金取引）

Q FXは、個人投資家の身近な投資手法として定着しています。どういう投資手法なのでしょうか？

A FXは、一定の証拠金を元手に、その何倍かの外貨を売り買いする、いわゆるレバレッジ（てこ）を効かせた商品取引です。

＜解　説＞

1．レバレッジ効果が最大の魅力

　FX取引の最大の特徴は、外貨預金のように通貨を直接売り買いするのではなく、FX会社や証券会社などに証拠金を預け、為替取引で生じた損益のみをやり取りする点です。少ない元手で大きな利益が狙えるレバレッジ効果（テコの原理）が魅力で、証拠金を差し入れると、最高でその25倍にあたる金額で取引することができます。

　FX取引で注意しなければいけないのは、この取引倍率です。外貨を買った後、予想に反して円高が進めば、取引額が大きいほど為替差損が膨らみ、追加で証拠金を入れる必要が生じます。たとえば、10万円の証拠金をFX会社などに預けると最大250万円、1米ドル＝100円であれば2万5千米ドルまで取引が可能です。仮に1米ドル＝100円で米ドルを買い、101円で売ると利益は2万5千円になります。このように為替が1％上昇するだけで、元手に対して25％の利益が得られますが、逆に下落すれば大きな損失を被ることになります。

　いずれにしても証拠金に対して極端に大きな金額の通貨を取引しなければ、損失幅は限られます。つまり、短期的に大きな利益を狙うより、無理のない範囲で取引することが賢明です。

2. その他の魅力

　FX取引は、買いだけでなく売りから取引を始められるのも特徴の1つです。たとえば、米ドルが円に対して下落する、つまり円高になると予想した場合、1米ドル＝100円で米ドルを売り、98円に下落した時に買えば、差し引き2円が利益となります。このように円安局面、円高局面の両方で収益を狙えます。

　また、為替コスト面でも外貨預金に比べて有利です。たとえば、米ドル預金の場合、預入時と払出時の為替手数料が1円ずつ、往復で2円かかります。一方、為替手数料に相当するスプレッド（買値と売値の差）は1米ドル当たり1銭（0.01円）程度なので、わずかな為替相場の変化でも収益を狙えるというメリットがあります。

　もちろん、スワップポイントという外貨預金の利息に相当する仕組みもあります。投資対象とする2通貨の金利差相当分の収入を、日々スワップポイントとして受け取ることができます。たとえば、オーストラリアドルを買い、日本円を売る取引の場合、オーストラリアドルの金利から日本円の金利を差し引いたものがスワップポイントの目安になります。ただし売る場合は、逆にスワップポイントを支払うことになるので注意が必要です。

　もう1つ、24時間取引が可能で、スマホやパソコンなどがあれば、場所を選ばず取引できるのもFXの魅力です。

＜FX取引の概要＞

運用方法	為替取引で生じた損益をやり取りする。
レバレッジ	最大25倍
金利	スワップポイント
売買方法	通貨の買いだけでなく、売りからも取引を始められる。円安時、円高時のいずれでも為替益を狙える。
為替手数料	米ドル／円の場合、1銭（0.01円）程度
元本保証	元本保証されない。レバレッジによっては、大きな損失を被る。

49 | 金（ゴールド）、原油

Q 産業資材でありながら投資商品の側面も持つ金（ゴールド）や原油には、どのような商品があるのでしょうか？

A 金には金地金や金貨、純金積み立て、ETF（上場投資信託）などが、原油には商品先物取引やETFなどがあります。

<解　説>

1. 金（ゴールド）とは

　資産運用には預貯金や債券、株式だけでなく、金（ゴールド）への投資という選択もあります。金の価格は、戦争や恐慌など政治・経済情勢が不安定なときに上昇するため、「有事の金」と言われています。また、発行体がないので「無国籍通貨」とも呼ばれています。

　一般的に景気の後退局面では、株価は下落しやすく、逆に金価格は上昇しやすくなるため、投資のリスク軽減を目的に金を保有する人がいます。また、インフレになると通貨の価値は下がりますが、金の価値は安定しているので、インフレ対策で保有する人もいます。ただし、保有しているだけでは金利は付かないし、景気の拡大局面で金利が上昇するときは、金の価格が下がりやすくなるので注意が必要です。

　今、世界の政治経済は混迷を極めています。米中対立や英国EU離脱、中東紛争、北朝鮮問題、香港の一国二制度、コロナ禍など、諸々のリスク回避のためにも金を保有しようとする動きは顕著です。

　具体的な投資方法ですが、金地金や金貨、純金積み立てなど直接金を購入する方法と、金価格に連動するETF（上場投資信託）や金鉱株で運用される金鉱株ファンド（投資信託）で間接的に投資する方法

があります。金地金はバーと呼ばれる金の延べ棒で、重さは１グラムから１キログラムまであり、価格は日々の金価格に連動します。金貨は地金よりも少額で購入でき、代表的なものにメイプルリーフ金貨(カナダ)、ウィーン金貨ハーモニー（オーストリア）などがあります。

　また、純金積み立ては毎月一定額を銀行口座から引き落とし、その額を当月の営業日数で割った金額で毎日、金を買い付けます。貴金属商や証券会社などが取り扱っており、月数千円から始められます。

2．原油（地中から採取したままの石油）とは

　中東やロシア、中南米の国々では、石油(総称)の販売を生活の糧にしています。つまり、原油の産出・精製・販売が立派な国際商品かつ金融取引の対象になっているのです。実際、原油は数カ月や１年など一定期間後の価格で売買する先物取引が、日米欧などの取引所に上場され活発に取引されています。この市場には、実際に石油を使用する企業が参加しているため、景気の先行きに基づく需給の変化が価格に表れやすいという特徴があります。とは言え、少ない元手で何十倍もの取引が可能なため、読みが外れると膨大な損失を被りかねません。

　いずれにしても金をはじめ原油などの国際商品は、債券や株式、為替などの伝統的な資産の値動きと関連性が低いという特性があります。その特性を生かして分散投資することで、全体の損益が一方向に過度に触れるリスクを和らげることができます。

　なお、原油取引には先物取引のほか、原油価格に連動する上場投資信託（ETF）があるので、株式のように手軽に購入できます。

<１日あたり原油生産量ランキング>（単位：万バレル）

1	米国	1,531	6	イラク	461
2	サウジアラビア	1,229	7	アラブ首長国連邦	394
3	ロシア	1,144	8	中国	380
4	カナダ	521	9	クウェート	305
5	イラン	472	10	ブラジル	268

50 機関投資家

Q 機関投資家という言葉をよく耳にしますが、具体的にどんな人たちなのでしょうか？

A 個人以外の投資家で、証券投資を本来業務とする法人組織のことです。具体的には、投資信託、投資顧問、年金基金、生命保険、損害保険、銀行、信託銀行、ヘッジファンドなどが該当します。

<解　説>

1. 機関投資家とは

　顧客から集めた資金を株式や債券などに投資し、その運用益を顧客に何らかの形で還元する投資家（組織）のことです。具体的には、投資信託や投資顧問、年金基金、生命保険、損害保険、銀行、信託銀行、ヘッジファンドなどが該当します。

　資金を集める方法は、それぞれの法人組織により異なります。たとえば、銀行であれば預金などにより顧客から資金を集めます。保険会社は、顧客に保険商品や年金商品を販売し、その保険料を、投資信託会社は、投資信託を販売して資金を集めます。また、年金基金は、公的年金あるいは私的年金制度に基づいた掛け金を資金にしています。

2. 機関投資家の役割

　それぞれの方法で集められた資金は、株式や債券、為替、商品などのグローバルな市場において、主に分散投資の形で運用されます。運用については、機関投資家が直接運用するケースもあれば、別の運用機関に資金を預け、運用を委託するケースもあります。

　今は規制緩和や自由化がかなり進んでいるので、個人投資家でも資

金を1つに集約せず複数の投資対象に振り分けるグローバルな分散投資が可能です。とは言え、リスクを減らし効果的に分散投資を行うには相応の資金や情報、経験が必要です。そこで、専門知識を備えた機関投資家が、個人に代わって有効に運用するわけです。

3. 機関投資家の資産運用

　運用方法には、パッシブ運用とアクティブ運用の2通りあります。目標とするベンチマーク(基準)に連動する運用成果を目指すのがパッシブ運用です。ベンチマークとしては、TOPIX（東証株価指数）や日経平均株価などの株価指数や、国内債券運用のための指標が使われています。一方、目標となるベンチマーク（基準）の指標を上回る投資効果を積極的に狙うのがアクティブ運用です。運用担当者であるファンドマネジャーが、決められた一定の運用方針に基づき、アクティブ(積極的)に銘柄の入れ替えや売買を繰り返し、高い収益を狙います。

4. ヘッジファンド

　投資家から大口資金を集め、それを相場があるものすべて、たとえば、株式や為替、債券、商品などに投資し、その利益を出資者に還元することを目的とした特殊な投資信託をヘッジファンドと言います。また、ファンドを運営する企業自体を指す場合もあります。株式投資信託のように単に売買するだけでなく、空売りによるヘッジを行うことから、このように呼ばれています。現在、全世界に1万弱のヘッジファンドがあり、約300兆円を運用しています。

	ヘッジファンド	株式投資信託
対象投資家	富裕層、年金基金、機関投資家	一般投資家
投資金額	数千万円単位	1万円程度から
投資対象	伝統的資産に加えて、金融先物、商品先物など	株式などの伝統的資産
収益目標	絶対収益（絶対リターン）	ベンチマークを上回る収益（相対リターン）

第6章

為替と相場の関係とは？

51 為替とは？

Q 銀行の三大業務といえば、「預金」「融資」「為替」です。預金は、文字通り、銀行にお金を預けることで、融資は、銀行が資金を用立てることです。それでは、為替とは何なのでしょうか？

A 為替とは、一言で言えば、「資金決済」のことで、内国為替と外国為替に分けられます。テレビや新聞では、一般的に、外国為替相場の略称として使われています。英語では、EXCHANGE すなわち、為替、交換、両替、取引所などと表現されます。

<解 説>

1. 為替とは？

①銀行を通じてお金を決済すること。但し、現在では、スマホと電子マネーを利用することにより、銀行を通さなくても決済できます。いわゆる、金融と IT（情報技術）が融合したフィンテックです。

②現金を送ることなく、銀行が仲介してお金を送ること

③銀行の窓口・ATM やネットバンキング、コンビニの ATM、スマホなどでお金を振り込むこと

④銀行用語でいえば、振り込みや代金取立手形のこと

　以上より、為替とは、場所の離れた二者の間の資金決済を、現金の輸送によらず、銀行への支払委託によって行う仕組みです。

<「振り込み」（銀行の場合)>

依頼人 →お金→ 仕向店 BANK →お金→ 被仕向店 BANK →お金→ 受取人

2．内国為替（内為：ナイタメ）とは

　同一国内の場所の離れた二者間の資金決済を現金の輸送を伴わず銀行を介在して行う仕組みです。具体的な決済手段としては、振り込みや小切手、約束手形、為替手形、電子記録債権などがあります。

3．外国為替（外為：ガイタメ）とは

　異なる国の二者間の資金決済を現金の輸送によらず、銀行への支払委託によって行う仕組みです。具体的な決済手段としては、外国送金やクリーンビル（小切手)、荷為替手形、信用状などが挙げられます。

4．内国為替と外国為替の違い

　内国為替と外国為替は、基本的な仕組みは同じですが、外国為替は国境を越える資金決済のため、内国為替と異なる点が2つあります。

　1つは、決済方法の違いです。内国為替、例えば銀行振り込みの場合、各銀行間の清算は集中決済機関である日本銀行にある預け金勘定を通して、差額で資金を振り替えます。一方、外国為替、例えば外国送金の場合、相手方の銀行は世界中にあるし、国によって通貨が異なるため、資金決済の仕組みは複雑になります。通常日本の銀行は、それぞれの通貨の中心地にある有力な銀行（コルレス銀行という）に決済勘定を保有し、その預け金勘定を通じて資金決済を行います。そのため資金決済は、個々の取引ごとに1件1件行われます。

　2つ目は、外国為替相場の存在です。取引通貨が日本円のみの内国為替には、為替の変動リスクはありませんが、国境を越えて資金を移動する外国為替には存在します。決済に必要な外貨を購入したり、受領した外貨を円貨に交換する際、通貨間の交換比率（外国為替相場）があるからです。銀行は、この外国為替相場を使用するため為替変動リスクを伴うわけですが、それは企業や個人にとっても同じです。この為替変動リスクを伴うか伴わないかが、内為と外為の大きな違いです。

52 内国為替と外国為替

Q 為替とは、一言でいえば、資金決済のことです。内国為替と外国為替がありますが、それぞれの仕組図を描けますか？

A 内国為替は振り込みで、外国為替は外国送金で、決済の仕組みをみると、それぞれ下記のような仕組図になります。

＜解　説＞

1．内国為替の仕組図

　内国為替決済の仕組みを振り込みでみると、以下の図になります。

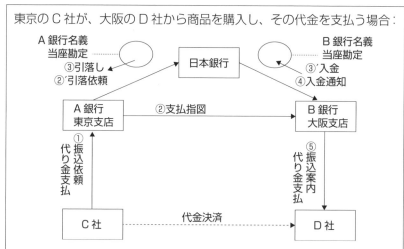

東京のC社が、大阪のD社から商品を購入し、その代金を支払う場合：

①　C社は、A銀行東京支店に振込代金を払い込み、振込依頼をします。
②　振込依頼を受けたA銀行は、D社名義の口座に振込代金を支払うように、B銀行大阪支店に指図します。
②′③③′　A銀行とB銀行との間で資金決済をしなければなりませんが、内国為替の資金決済は、各銀行が日本銀行にもつ当座勘定を通して決済を行います。

④⑤　Ｂ銀行大阪支店は、入金通知を確認し、Ｄ社に振込案内をし、振込代金を支払います。

この支払方法により、現金輸送に伴う危険や手間を回避できます。

2. 外国為替の仕組図

外国為替決済の仕組みを外国送金でみると、以下の図になります。

日本のＣ社が、米国のＤ社から電子部品を購入（輸入）し１００千米ドルの輸入代金を送金する場合：

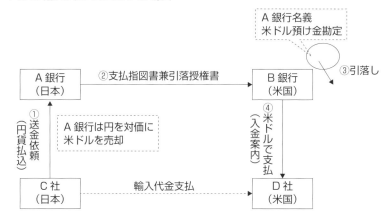

①　Ｃ社は、仕向外国送金を利用して輸入代金１００千米ドルを送金することにしました。

Ａ銀行に送金を依頼し、送金すべき１００千米ドルに相当する円貨額を払い込みます（Ａ銀行は、Ｃ社の円を対価に米ドルを売却）。

②　Ａ銀行は、Ｄ社が口座を保有するＢ銀行（Ａ銀行名義の米ドル預け金勘定あり）宛に支払指図書兼引落授権書を発行し、Ａ銀行の預け金勘定から１００千米ドルを引き落としてＤ社の口座に入金するように依頼します。

③④　支払指図書兼引落授権書を受け取ったＢ銀行は、その支払指図書兼引落授権書がＡ銀行からのものであることを確認のうえ、Ａ銀行名義の口座から１００千米ドルを引き落とし、Ｄ社に入金案内をするとともにＤ社の口座に入金します。

53 外国為替取引の種類

Q 外国為替取引の種類には、貿易取引や貿易外取引、資本取引などがあります。さらに貿易取引の中に仲介貿易という取引がありますが、どのような取引でしょうか？

A たとえば、日本の貿易商社が外国相互間での貨物の移動及び代金決済について売買契約の当事者となる取引を言います。

＜解 説＞

1. 貿易取引

　外国と物（商品）やサービスの売買を行う際、さまざまな慣習や国際ルールが介在するため、細心の注意が必要です。また、貿易取引には、外国へ物を販売する輸出取引や外国から物を仕入れる輸入取引のほか、三国間で輸出入取引を行う仲介貿易取引があります。

　（1）輸出取引

　日本の輸出業者が、外国の輸入業者との売買契約に基づいて、海外の企業に商品や原材料を販売し、その輸出代金を回収するまでの一連の流れを輸出取引と言います。たとえば、日本から米国に自動車を輸出する取引が、その典型です。

　（2）輸入取引

　日本の輸入業者が、外国の輸出業者との売買契約に基づいて、海外から商品や原材料を仕入れ、その輸入代金を決済するまでの一連の流れを輸入取引と言います。たとえば、中国やベトナムなどから日本へ繊維製品を輸入する取引が、その典型です。

（3）仲介貿易取引

　外国の輸出者と外国の輸入者との貿易を、日本の業者が仲立ちする取引を仲介貿易取引と言います。この場合、売買契約は輸出者と日本の仲介業者、輸入者と日本の仲介業者との間で交わされ、商品は直接、輸出者から輸入者に宛て輸出されることになります。また、代金は輸入者から日本の仲介業者に支払われ、さらにその仲介業者が海外の輸出者に代金を支払うので、その差額が日本の仲介業者の儲けとなります。たとえば、日本の貿易商社が仲介し、タイの会社が生産した自動車を欧州の貿易商社に輸出する場合などが、その典型です。

＜仲介貿易の典型例＞

2．貿易外取引

　貿易外取引とは、貨物の輸出入取引以外の取引の総称で、輸出入取引にかかわるサービスの提供（輸送、用船、保険、保管、検査、査証など）、技術の提供・援助、寄付、贈与、見舞い、海外旅行などが該当します。たとえば、日本の船会社が、パナマ国籍の船舶を借り、その用船料をパナマの船会社に支払う取引などが、その典型です。

3．資本取引

　資本取引とは、貨物やサービスの移動を伴わず、お金だけが移動する取引です。具体的には、金銭の貸借、投資、債務の保証、預金、証券の取得・売却、不動産の売買などが該当します。たとえば、日本人がハワイのコンドミニアムを購入し、その代金をハワイの持ち主に支払う取引などが、その典型です。

54 外国為替取引のリスクヘッジ

Q 外国との取引では、国内取引では起きないようないろいろな
リスクがあります。そうしたリスクをヘッジするには、どのよう
な方法があるのでしょうか？

A カントリーリスクをヘッジする方法に、株式会社日本貿易保
険の貿易保険制度があります。この制度により、海外事業に伴う
相手国の政治リスクや災害リスクをヘッジすることができます。

＜解　説＞

1．カントリーリスクのヘッジ

　取引相手国の突然の政変や経済政策の変更などによって、契約上の
取引が実行できない、代金を回収できないといったリスクの大部分を、
株式会社日本貿易保険（NEXI）が引き受けてくれます。

また、海外事業に伴う相手国の政治・経済リスクのほか、災害リスク
についても貿易保険制度でヘッジすることができます。

＜貿易保険と海上保険の違い＞

	保険の対象	具体的事項
貿易保険	取引	貨物を船積みできない 貨物代金が決済されない 投資先が事業不能 貸付金が償還されない
海上保険	モノ	輸送途上で輸出貨物自体が受けた損失（破損、水ぬれ、盗難）

2．信用リスクのヘッジ

　まずは、相手方の信用調査をしっかり行うことが大切です。海外取

引先の信用調査には、国内と同様に興信所などの信用調査機関を利用する方法があります。また、ジェトロ（日本貿易振興機関）に行けば、資料の閲覧だけでなく、信用調査（有料）も依頼できます。

　信用調査の結果、良好な取引先であることが判明しても、実際に輸出をするとなると不安が残ります。このような場合、決済面で両者の取引を安心して行えるようにしてくれる手段として、銀行が代金決済を約束する信用状があります。もちろん、カントリーリスクの場合と同様に、日本貿易保険がリスクの大部分を引き受けてくれます。

3.　為替リスクのヘッジ

　為替リスク、つまり為替変動リスクは、海外取引の決済通貨が外国の通貨である場合、その通貨を日本円に交換する時に生じます。したがって、輸出で得た外国の通貨を日本円に交換せずに、いったん外貨預金口座に入金し後日輸入の決済に使う、あるいは海外取引の決済通貨を日本円にしておけば、日本側の為替リスクはなくなります。

　しかし、外貨のまま使用する方法では、輸出と輸入の金額が釣り合わないとうまくいきません。また、円建ての取引では外国側に為替リスクが生じることになるので、日本側の立場が強くない限り、商談がまとまらない可能性が高まります。そこで、為替リスクを避けるためによく利用されるのが、為替予約（先物予約または単に予約）です。これは、将来、輸出入の取引があり、その金額や決済の時期が分かっている場合、銀行とあらかじめ為替相場を取決めておく方法です。

　上記のほか、法律、慣習、言語などの違いによってトラブルとなるリスクをヘッジする制度として、信用状統一規則や取立統一規則、インコタームズなどの国際ルールが整備されています。それでも解決できない場合は、裁判や仲裁によって決着することになりますが、そうしたケースに備えて、前もって契約書に「裁判や仲裁は、すべて日本の法律に基づき、日本で行う」旨の条項を入れると有利になります。

55 外国為替市場

Q ニューヨークをはじめロンドン、東京、香港、シンガポール市場は有名ですが、他にどんな市場があるか、ご存じですか？

A オーストラリアのシドニー、中東のバーレーン、欧州にはフランクフルトやチューリッヒ、アムステルダム、米国にもシカゴやサンフランシスコといった具合に、世界中に市場があります。

＜解　説＞

1. 市場は 1 日 24 時間回っている

　外国為替取引を扱う外国為替市場は、時差により 1 日中どこかの国で開いています。日本の標準時間を基準に考えると、午前 7 時にまずニュージーランドのウェリントン市場がオープンします。次にオーストラリアのシドニー市場、そして午前 9 時になると、いよいよ東京外国為替市場が開きます。

　この後は 1 時間ずつ遅れて香港、シンガポールが開き、次いで中東のバーレーン、欧州のフランクフルトやチューリッヒ、パリ、アムステルダムと続き、午後 6 時ごろに世界最大の市場であるロンドン市場がスタートします。そして、ロンドン市場が後半になる頃、ニューヨーク市場がオープンします。さらに 1 時間後にシカゴ市場、2 時間後にその日最後のサンフランシスコ市場がオープンし、それが閉まる頃、再び

ウェリントン市場が開きます。

　このように世界のマーケットは、1日24時間回っているため、オセアニアの市場は前日に米国で起きた事象やFRB議長など要人の発言、経済指標の発表などの影響を、最初に受ける取引市場になります。つまり、オセアニア市場は、先行指標的なマーケットと言えます。

　なお、ほとんどの市場が土日休業ですが、休息日が金曜日のイスラム教国、たとえばバーレーン市場は土日も開いています。そのため週末に大事件が起こると、この中東市場の動きが注目を集めます。

2. ロンドン市場・ニューヨーク市場・東京市場

　外為市場として世界最大の規模を持ち、売買高も突出しているのがロンドン市場です。同市場の歴史は古く、特に19世紀初頭から第1次世界大戦までの約100年の間、英国は世界に君臨する強大な経済力を誇りました。貿易における決済などの国際通貨として、英国通貨のポンドが幅広く使われたため、同市場は国際金融市場として揺るぎない地位を築き、現在もその地位は不動です。しかし、ブレグジット（英EU離脱）により、同市場の地位が揺らいでおり、フランクフルトやチューリッヒ、パリ、アムステルダムが、その地位を狙っています。

　規模ではロンドン市場にかないませんが、情報量で傑出しているのがニューヨーク市場です。経済大国である米国の貿易統計や雇用統計などの指標は、世界経済の動きに大きな影響を与えます。その動きをいち早く反映するのがニューヨーク市場というわけです。また、東京外国為替市場も、アジア・オセアニアにおける重要なマーケットになっています。東京外為市場は、戦後しばらく規制の多い閉鎖的なマーケットと言われましたが、飛躍的な経済発展に伴い市場の自由化・活性化が図られました。特に1998年の金融ビッグバン・外為法改正によって規制のないフリーな市場、透明で信頼できるフェアーな市場、そして世界と共存するグローバルな市場へと変貌しました。

56 外国為替市場の裏方

Q 為替相場が円高や円安に急変したとき、テレビの画面によく出てくる会社があります。外国為替ブローカーを、ご存知ですか？

A それはトウキョウフォレックス上田ハーロー株式会社（通称、トウフォレ上田）です。同社のブローキングルームで、為替のディーリングが行われています。

<解　説>

1．トウフォレ上田の正体

　「東京外国為替市場では急激に円安が進み…」など、外国為替相場の急変を伝える映像や新聞記事の写真提供欄に必ず出てくるのが、「トウフォレ上田」という名前です。実は、映像や写真のほとんどが、この東京外国為替市場の一部である外国為替ブローカーのトウキョウフォレックス上田ハーロー株式会社（通称、トウフォレ上田）のブローキングルームを撮影したものです。フォレックス（FOREX）とは、英語の FOREIGN EXCHANGE（外国為替）を略したものです。

　東京外国為替市場とは、外国為替が取引されるマーケットのことで、狭義には民間金融機関（市中銀行などの為替ディーラー）、外為ブローカー、中央銀行（日本銀行）のインターバンク市場（銀行間取引市場）、広義には対顧客取引も含めたマーケットのことを指します。

　ブローカーとは、仲買人、仲介業者のことです。外国為替ブローカーは、通常「外為ブローカー」「為替ブローカー」と呼ばれ、インターバンク市場で銀行間の外国為替取引の仲介を行います。テレビ画面の中で、円形のテーブルを囲みマイクに向かって数字を連呼したり、伝

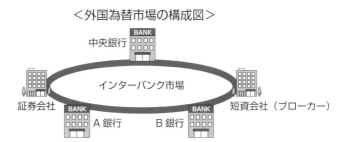

＜外国為替市場の構成図＞

票のようなものを投げたりしている人たちのことです。

　主な業務は、インターバンク市場において、銀行間による外国為替取引の売り手と買い手を取り次ぎ、取引を成約させるという非常に重要な役割を果たしています。もちろん取引が成立した際には、取引の出会いを見返りに、ハンドリング・コミッション（手間賃）としてブローカレッジ（仲介手数料）を双方の銀行から受取ります。なお、自らが外貨を売買したり、保有することは認められていません。

2．ブローカー経由のディーリングが大勢

　金融機関の中には、銀行間の直接取引（ダイレクトディーリング）を行うところがありますが、取引上の人的ミスのリスクがあるため、ブローカー経由が大勢を占めています。外為ブローカーには、ほかにメイタントラディション、日短フォレックスなどがあります。

　外国為替市場には、証券取引所のような物理的な取引所は存在しません。ネットや電話回線を通じたバーチャルな市場で取引が行われており、銀行同士の売りと買いの出会いをつけるのがブローカーの役割です。外為ブローカーのブローキングには、「コンピュータ回線」と「電話回線」による手法があり、前者はコンピュータシステムが取引を仲介する仕組みで「電子ブローキング」と言います。現在、取引のほとんどを後者の電子ブローキングが占めています。一方、後者は銀行のディーリングルームとブローカーをホットラインでつなぎ、人間が取引を仲介する仕組みで「ボイス・ブローキング」と言います。

57 外国為替相場

Q 為替相場とか為替とか相場はいくらといった場合、ほとんどの人が105円とか110円とか答えますが、正式には外国為替相場のことです。外国為替相場とは一体何なのでしょうか？

A 外国為替相場とは、自国通貨と外国通貨の交換比率です。具体的には、1米ドル＝110円とか、1ユーロ＝120円などの外国通貨（商品）の値段になります。以下、詳しくみていきましょう。

<解　説>

1. 外国為替相場とは？

　為替（EXCHANGE）とは、隔地間の金銭債権・債務または資金の移動を現金の輸送によらず、銀行などの仲介により行う仕組みだということは、すでに説明しました。その際、使用する通貨は、内国為替では日本円ですが、外国為替の場合は、異なる国と国の間の資金移動のため、通常、外国通貨を使用します。

　たとえば、輸入者は円貨を外貨に、輸出者は受け取った外貨を円貨に、それぞれ銀行などを介して交換（＝売買）する必要があります。銀行などは、こうした顧客との間で外貨の売買を行うことになるわけですが、その際、必ず使うことになるのが「外国為替相場」（以下、「外為相場」）です。つまり、外為相場とは、異なる通貨間の交換比率であり、いわば米ドル、ユーロ、英ポンドという商品の値段と言えます。

2. 外為相場の表示方法

　この表示方法ですが、通常は、「外国通貨1単位いくら」といった

方式で表示されます。具体的には、「1米ドル＝100円」「1ユーロ＝120円」「1英ポンド＝140円」といった具合です。

　たとえば、八百屋の店先に「りんご1個＝100円」と値段が表示されるのと同じように、外国通貨も1つの商品とみなして表示されます。つまり、青果店が青果市場からりんごを仕入れて、一般消費者に売るという商売を同じ理屈で、銀行なども外為市場から外貨（たとえば、米ドル）という商品を仕入れて顧客に売る商売をしているのです。

　ただし、外為取引の場合、銀行などは顧客に外貨を売るだけではありません。顧客から外貨を仕入れ、それを外為市場で売るという商売も行っています。

<銀行の売取引>

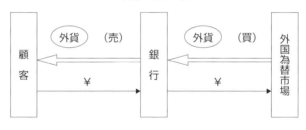

<銀行の買取引>

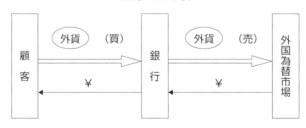

58 | 円高と円安

Q 円高というと、2011 年 10 月の 1 米ドル＝ 75 円 32 銭
が思い出されます。これが歴史上最高値だったのでしょうか？

A 1 米ドル＝ 75 円 32 銭が歴史的な円高ではありません。実
は、1 米ドル＝ 1 円という歴史的円高の時代があったのです。
早速、米ドルと日本円との相場の歴史を紐解いてみましょう。

＜解　説＞

1. 明治の円誕生～第一次世界大戦

　米ドルと円相場の歴史は 150 年に過ぎません。大局的に見れば、戦
前は円安の歴史で、戦後は一転円高の歴史と言えます。円相場は、
1871 年に 1 米ドル＝ 1 円でスタートし、その後 1 米ドル＝ 360 円の
固定相場制など、幾多の変遷を経て今日に至っています。

　円は 1871 年に明治政府の新貨条例により、1 米ドル＝ 1 円という
相場で誕生しました。そして 1885 年、日本は紙幣を銀と兌換する銀
本位制をとりますが、既に欧米では金本位制を採っていたため、銀価
格が下落し、円もじり安となりました。しかし、日清戦争に勝利した
日本は、清国から多額の賠償金を英ポンドで獲得し、その英ポンドを
英国で金に兌換することで、日本も本格的な金本位制に移行し、1 米
ドル＝ 2 円とすることになったのです。

　それから 1917 年までの 20 年間、為替は金本位制の下で安定的に 1
米ドル＝ 2 円で推移します。特に第一次世界大戦のときは、日本の物
資が世界中に輸出されたため、一時 1 円台の円高となりました。

2. 関東大震災～第二次世界大戦

　関東大震災によって円は急激に下落し、1924 年には 1 米ドル＝ 2 円 63 銭まで円安が進みます。さらに 1931 年、英国が金本位制を停止したため、日本も離脱し、金への兌換を停止しました。これによって一気に物価が上昇し、大幅な米ドル高・円安となり、1932 年に 1 米ドル＝ 5 円となったのを契機に第二次世界大戦に突入しました。

3. 第二次世界大戦後～現在

　第二次大戦後は、急激なインフレを抑制するため、米司令部による管理相場が続きます。終戦時の 1 米ドル＝ 15 円から始まり、翌年には 50 円、1948 年には 270 円となり、1949 年に 360 円の固定相場制に移行します。この体制が 1970 年まで継続しますが、71 年 8 月に突然ニクソン大統領が金とドルの交換を一時停止すると宣言します。こうして金という後ろ盾を失った固定相場制は事実上崩壊し、1 米ドル＝ 308 円時代を経て、1973 年に変動相場制へ移行したのです。

　その後も、米国は財政と貿易の双子の赤字を抱え続けたため、円高は増々進行し、1995 年には 79 円 75 銭をつけます。しかし、今度は日本のバブル経済が崩壊し、1998 年には 140 円台まで値を戻しました。しかし、再び 2008 年に発生したリーマン・ショックによって米ドル安となり、2011 年には 75 円 32 銭をつけるまで円高が進行しました。このように乱高下を繰り返してきましたが、この数年は、100 ～ 115 円のレンジで動いています。しかし、世界的な経済の低迷や米中対立、コロナ禍、中東情勢、超金融緩和政策など、様々な不安要素が顕在化しつつあるので、乱高下する可能性は否定できません。

<＜円高と円安＞

59 | 店頭表示相場とは？

Q 銀行や両替ショップなどに行くと、店頭に相場ボードが置かれています。その相場がどのような仕組みでできているか、お分かりですか？

A たとえば、米ドルの場合、銀行間取引の為替相場に銀行手数料を加味して、電信売相場や電信買相場などができています。

<解 説>

1. 店頭表示相場とは

　銀行やホテル、両替ショップなどの店頭に行くと、相場ボードが置かれ、その日の外国為替相場が公示されています。これが対顧客向けの為替相場、すなわち店頭表示相場です。この相場は、東京外国為替市場における銀行間取引での為替相場に基づいて決まります。

　たとえば、米ドルであれば、午前10時頃の銀行間相場が対顧客相場の基準値である公示仲値（TTM：TELEGRAPHIC TRANSFER MIDDLE RATE）になります。これに銀行のマージン（儲け）を織り込み、売相場と買相場が決まる仕組みです。つまり、銀行間相場と対顧客相場の関係は、卸値と小売価格といった関係と言えます。

2. 原則的に一日固定相場

　東京外国為替市場における銀行間相場は、市場の需要と供給を反映し、刻一刻変動します。この相場を店頭の顧客に適用していたら、顧客の待ち時間は長くなるし、銀行の事務も煩雑になってしまいます。そこで、対顧客取引については、銀行間相場とは別に顧客専用の一日固定相場（その日の相場は変わらない）を使うことになっています。

　ただし、金額は無制限ではなく、上限（たとえば、2万米ドルなど）を設定しています。また、相場についても、通貨不安によって銀行間相場が急変するといった特殊事情がある場合には、対顧客相場を変更することがあります。

3. 米ドル相場の決まり方

　たとえば、公示仲値（TTM）を1米ドル＝100円、銀行の為替手数料（マージン）を1円とします。まずは、買う場合は安く、売る場合は高くという経済の大原則を頭にしっかり入れてください。

　銀行は、顧客から米ドルを買う場合には、100円から1円を引いた99円が電信買相場、TTB（TELGRAPHIC TRANSFER　BUYING RATE）となり、外国からの電信送金（TT）の受取などに使用されます。一方、100円に1円を加えた101円が、電信売相場、TTS（TELEGRAPHIC TRANSFER SELLING RATE）となり、外国への電信送金などに適用されます。

　もう一度、TTM、TTB、TTSの定義をまとめると、TTM＝市場からの仕入値、または市場への売値、すなわち市場での取引相場、TTB＝顧客からの買値、TTS＝顧客への売値となります。

　代表的な対顧客相場のTTB、TTSのほか、米ドル紙幣の売買相場があります。外国通貨取扱手数料は一般的には2円ですので、キャッシュ買相場は、TTBからマイナス2円ですので97円、キャッシュ売相場はTTSへ2円プラスで103円になります。以上をまとめると、次のようになります。

＜米ドルの公示相場＞

キャッシュ売相場 103 円、電信売相場（TTS）101 円、公示仲値（TTM）100 円、電信買相場（TTB）99 円、キャッシュ買相場 97 円

　なお、上記の為替手数料や外国通貨取扱手数料は、あくまで一般的な標準値であり、それぞれの金融機関が自由に設定できます。

60 外国為替相場の決定理論

Q 　外国為替相場の決定理論には、固定相場制時代の古典学説が３つ、変動相場制時代の近代学説が２つあります。それらの学説は、どのようなものなのでしょうか？

A 　古典学説には、国際貸借説、購買力平価説、為替心理説が、近代学説にはフロー及びアセットによるアプローチがあります。

＜解　説＞

　「外国為替相場」（以下、「為替相場」という）は、株式や商品の相場と同じように、主に市場における需要と供給によって決定されます。その基本的な要因について、著名な学説は、次の５つです。

1. 古典学説（固定相場制の時代）

　(1) 国際貸借説（1861 年）

　英国の銀行家・政治家ゴッシェンの創唱した学説で、期限の到来した国際貸借、つまり国際収支の黒字や赤字を変動要因とするもので、国際収支説とも言われています。いわゆるファンダメンタルに主眼を置いたもので、現在においてもその正当性は失われていません。

　(2) 購買力平価説（1922 年）

　２通貨間の為替相場は、通貨の需給ではなく各通貨の購買力の差、つまり物価水準の変化によって変動するとする学説で、スウェーデンの経済学者カッセルが提唱しました。しかし、２国間の物価水準を瞬時に捉えることは困難なので、適切な学説とは言えません。

　(3) 為替心理説（1927 年）

　フランスの経済学者アフタリオンが唱えた学説で、相場の決定は

個々の主観ないし価値判断に基づくものであり、投機や資本逃避など
を含めた広い意味での心理が働くとするものです。この為替心理説は、
単に心理的な要因を強調するのではなく、先に述べた国際貸借説や購
買平価説の説く客観的要素のうえに、主観的要素を加味して総合的に
とらえたところに特色があると言えます。

2. 近代学説 (変動相場制の時代)

(1) フロー・アプローチ (1960 年代)

　外貨の需要と供給のバランスを外貨の流れ (フロー) から読み取り、
そのバランスによって為替相場が決定される。つまり、輸入や資本の
流出の発生は外貨の需要に、反対に輸出や資本の流入は外貨の供給に
つながるという学説です。たとえば、日本の企業が外国から商品を輸
入した場合、代金の支払のために外貨が必要になります。また、日本
企業が外国に投資する (資本の流出) 場合も、相手国の通貨を手に入
れる必要があるので外貨の需要が発生します。一方、輸出や資本流入
が起きた場合は、これらと反対の流れになるというわけです。

　この理論は、固定相場制の時代は有効に機能しましたが、金融のグ
ローバル化が進んだ今は、「古典派理論」と呼ばれています。

(2) アセット・アプローチ (1970 年代)

　ある時点の金融資産 (アセット) の残高、つまり資産は株式や債券、
預金などから得られる収益によって選択されるため、その需給関係が
為替相場の決定要因となるという考え方です。グローバル化の進展に
伴い、モノやサービスの取引よりも投資に関する取引 (資本取引) の
ウエイトが圧倒的に大きい現状に対応しようとする考え方です。

近代学説	為替相場決定理論	フロー・アプローチ (一定期間の取引量)
		アセット・アプローチ (一時点の金融資産残高)

　(注) 古典学説の方が為替レートの動きをうまく説明できるケースも少
なくないため、近代学説の方が優れた理論ということではありません。

61 外国為替相場の変動要因その1

Q 外国為替相場の変動要因の1つに「ファンダメンタルズ（FUNDAMENTALS）」があります。これは、どういうことでしょうか？

A ファンダメンタルズとは、経済の基礎的条件のことで、経済成長率やインフレ率、国際収支、外貨準備高などが該当します。

＜解　説＞

　一般的に外国為替相場（以下、「為替相場」）は、短期的には通貨間の需給、世界各国の経済情勢、市場心理などによって動き、長期的にはファンダメンタルズによって決まると言われています。しかし、実際にはさまざまな要因が複合的に絡み合って変動しています。ここでは米ドルを中心に、その要因についてみていきましょう。

1. 需要と供給（需給）

　「価格は需給で決まり、需給で相場は動く」というように、為替相場も外国為替の需給が為替相場を決定します。たとえば、米ドル建ての輸入決済送金が急増し、円売り・ドル買いが増えれば、米ドル高要因になります。逆に輸出代金として、海外からの米ドルの送金が急増すれば、ドル売り・円買いが増え、米ドル安要因になります。

2. ファンダメンタルズ（経済の基礎的条件）

　国際経済を安定させるための基礎的条件で、経済成長率、国際収支、物価などを一括してファンダメンタルズ（FUNDAMENTALS）と言います。これらの均衡が崩れると、各国間の通貨に強弱が生じ、世界経済が不安定になるとされています。

（1）経済成長率（景気）

国内総生産（GDP）の成長率が高い国は、経済が好調で、海外からの投資が集まりやすく、通貨高になりやすい傾向にあります。また、今後経済成長が見込める国の通貨が買われることも予想されます。

<国別実質 GDP 成長率ランキング（2019 年）>

1	南スーダン	11.28%	6	米国	2.33%
2	カンボジア	7.05%	7	英国	1.41%
3	ベトナム	7.02%	8	日本	0.65%
4	中国	6.11%	23	ドイツ	0.57%

（2）インフレ率（物価上昇率）

インフレ率の高い国では、物価上昇を抑制するため中央銀行が金融引締めを実施します。その結果、金利が上昇し、通貨高になります。

（3）国際収支

国際収支は、貿易や貿易外取引などを含む経常収支と、外国への投資や負債を含む資本収支で構成され、その動きは、為替相場に大きな影響を与えます。たとえば、国際収支で黒字が拡大している国の通貨は強いと判断され、その通貨は高くなります。米国の貿易収支の黒字は米ドル高に、日本の貿易収支の赤字は円安要因になるわけです。

（4）外貨準備高

外貨準備高とは、各国の通貨当局（日本では、財務省と日本銀行）が外国為替市場へ為替介入するために保有している外国通貨や金（ゴールド）などの資産の額のことです。他国への支払や為替相場を安定させるのが目的で、潤沢な国の通貨は高くなる傾向にあります。

（5）財政収支

2009 年、ギリシャを皮切りに EU 諸国の脆弱な財務体質がユーロ安を招いたように、財政収支も重要な変動要因の1つです。他にも、財政赤字、財政危機、財政再建、緊縮財政といった言葉が氾濫しているように、財政収支はファンダメンタルズとして重要な指標です。

62 外国為替相場の変動要因 その2

Q ファンダメンタルズについてもう少し解説した後で、金利差について説明します。金利差とは、いったい何なのでしょうか？

A 金利差とは、二国間の金利の差のことです。二国間の金利が異なる場合、高い金利の国の通貨が高くなる傾向にあります。

＜解　説＞

前ページ（ファンダメンタルズ）からの続き

(6) 物　価

中長期的な為替レートの変動を予測する指標の一つに、購買力平価があります。これは「為替相場は二国間の物価の差を反映するものである」という考えに基づくものです。よく取り上げられるのが、ハンバーガーの値段で、ハンバーガー1個の値段は日本も米国も同じでなければならないという考え方です。たとえば、日本で100円、米国では1米ドルであれば、1米ドル＝100円が妥当な為替相場という理屈です。もし、実際の相場が1米ドル＝50円であれば、日本でハンバーガーを買わずに米国から輸入すれば、ハンバーガー2個を入手することができます。逆に、1米ドル＝200円であれば、日本でハンバーガーを買って米国へ輸出すれば儲かります。このように「物価水準の差を埋めるような形で為替相場は変動する」という考え方です。

(7) 株　価

経済成長が見込める場合には、その国の株価の上昇が期待できるので、通貨も高くなります。たとえば、経済が好調な日本の株式を外国の投資家が購入するためには円が必要になるので、米ドルやユーロを

売って円を買う動きにつながります。このように株価の上昇は、通貨高の要因になるのです。

（8）失業率（雇用情勢）

失業率の高さは経済の低迷を表すため、その国の通貨安の要因となります。日本や米国の失業率は低くなっていますが、ユーロ圏は引き続き高水準のため、ユーロ安が懸念されます。また、失業率の上昇が止まっても、高止まりしたままであれば、同じく通貨安要因となります。なお、コロナ後は、各国数値が大幅に上昇すると予想されます。

	日本	米国	フランス	イタリア
2018年	2.4%	3.9%	9.1%	10.6%
2019年	2.4%	3.7%	8.6%	10.0%
2020年4月	2.6%	14.7%	8.7%	6.3%

3．金利差

二国間の金利が異なる場合は、低い金利の通貨を売って、高い金利の国の通貨を買う動きが予想されます。したがって、高い金利は通貨高の要因となります。特に注目されるのが、各国の中央銀行が決定する政策金利の動向です。たとえば、米国の金利が日本の金利より高水準になれば、金利差による利益を求めて、日本から米国へ資金が流出します。その結果、米ドル買いが増え、米ドル高になるわけです。

4．政　治

政治的なイベントは、各国の為替政策の修正や国際的な為替調整につながることも多いので、話題になりやすい材料です。たとえば、政治家同士の会談が行われたり、日銀総裁（米国では FRB 議長）が何らかの発言をすることで、為替相場を大きく動かすことがあります。

注目されるイベントは、以下の通りです。

主要７カ国（G7）首脳会議（サミット）、20 カ国・地域（G20）首脳会議、米連邦準備理事会（FRB）議長の発言、米連邦公開市場委員会（FOMC）の声明、欧州中央銀行（ECB）の動向　など

63 外国為替相場の変動要因 その3

Q 外国為替相場の変動要因は、まだあります。その1つが地政学リスクですが、どんなリスクかご存知ですか？

A 特定の地域における政治的・軍事的・社会的な緊張の高まりにより、経済や金融の先行きが不透明になるリスクのことです。代表的な地政学リスクに紛争やテロがあります。

＜解　説＞

5．世界情勢

　米中の貿易戦争による米ドル安、英国の欧州連合（EU）離脱による英ポンド安、香港の政情不安による香港ドル安など、最近の例を見ても、世界情勢の影響が如何に大きいか明白です。

6．国債の格付け

　国債の格付けは、その国のファンダメンタルズの良し悪しを反映します。したがって、格付けの高さは、通貨高要因になります。

7．原油価格

　今のロシア経済は原油に依存しています。そのため供給過剰により原油安になると、それがルーブル安につながります。

8．資源価格

　メタルやレアメタルなどの資源価格にも注意する必要があります。それらの価格が上昇すれば、中国やオーストラリア、カナダなどの資源国は収入増となり、その国の通貨は高くなる可能性があります。

9．テクニカル要因（経験則）

　テクニカル分析は、チャート分析ともいわれ、過去の値動き（チャー

ト）を利用して相場の値動きや転換点を予測するものです。歴史は繰り返す、相場の動きはトレンドを形成するというのが、テクニカル分析の前提にあります。

10. 地政学リスク

英語では「GEOPOLITICAL　RISK」と言います。最近の事例をあげると、ロシアによるウクライナ領クリミア半島への軍事侵攻、英国の欧州連合（EU）からの離脱、イスラム国などによるシリアの内戦、北朝鮮の弾道ミサイル発射、イランとサウジアラビアの対立、香港の中国一国二制度などがあります。こうした出来事により、為替相場の方向性が大きく変わる可能性があります。

かつて「有事の米ドル買い」とよく言われました。戦争・テロ・国際紛争など、有事の際には世界一の大国、「米国の米ドルを買うのが安全だ」というわけです。しかし、最近では隠れ基軸通貨と言われる日本円やスイスフランが、たびたびその役割を果しています。

11. 投機圧力

ヘッジファンドや投資ファンドなど、大量の投資資金が外国為替に投入されています。これらも為替相場の変動要因の1つです。

<世界のヘッジファンドベスト3＞(2018年12月末時点)

ファンド名	運用資産規模
ブラックロック	6.0兆ドル
バンガード・グループ	4.9兆ドル
ステート・ストリート・グローバル	2.5兆ドル

12. 介入（為替介入）

日本銀行など世界各国の中央銀行が市場に対して直接資金を投入し、為替相場を調整することがあります。これは政府の意思表示であり、少量の介入でも効果が期待できます。しかし、最近は「相場は市場に任せるべきだ」という主張が強くなり減少傾向にあります。

外国為替相場の変動要因 その4

Q これまで世界情勢や資源価格、介入などについてみてきましたが、他にも人口問題があります。どんな問題でしょうか？

A 人口が急激に増減することで起きる問題で、人口増加は経済が活性化することで通貨高に繋がり、人口減少は通貨安に繋がります。

＜解　説＞

13. 心理的要因・市場情報

　為替相場は、「短期的には市場心理によって動く」、あるいは「相場は人が作るもの」「相場の形成の背景には、人間の思考と心の動きがある」「相場は市場にある期待と不安に反応する」などと言われています。ほかにも「相場は噂やデマでも動く」と言われるように、情報が事実であるかどうかの確認には時間を要するので、それなりの行動が求められます。たとえば、もしその情報が本当だったら大変なことになると判断すれば、ディーラーは、その仮定に基づいた行動をとります。つまり、その情報があたかも真実のように相場を変動させてしまうこともあり得るのです。

14. 自然現象

　異常気象や大地震、大津波、ウイルスなどの被災国は、経済面で打撃を受けます。その結果、その国の通貨も安くなる可能性が高まります。

15. 人口問題

　日本では人口減少・少子高齢化が問題になっていますが、一般的に人口増加は経済を活性化させるので、通貨高になるとされています。

一方、人口減少や少子高齢化は減速させるので通貨安になります。

<世界の人口の推移>　　　　（単位：億人）

1990年	1995年	2000年	2005年	2010年	2015年	2019年
53	57	61	65	69	73	77

16．織り込み済み

　為替相場の変動要因が具現化しても、すでにその要因については把握・認識しており、反応しないことを言います。

17．モメンタム（MOMENTUM）

　勢いや弾み（はずみ）のことで、勢いや弾みがついてしまい、一つの方向に相場が動いてしまうことです。

18．季節的要因

　たとえば、円相場は8月に上昇しやすいという「真夏の円高」などがあります。

19．期待感・失望感

　トランプ米大統領が出現したとき、経済政策に対する期待感から米ドル買いが進行しました。その逆が、失望売りです。

20．まとめ

　ここまで為替相場の変動要因を列挙しましたが、実際には一つひとつの動きが網の目のように絡み合って、為替相場は変動します。ほかにも「変動要因があまりにも多いこと」「それぞれの変動要因が組み合っているため、相場の方向性が読みにくいこと」「注目される要因が、その時々によって異なること」など、様々な要因が為替相場の変動要因を簡潔及び明確にすることを難しくしています。つまり、為替相場の見極めには、全体を俯瞰する必要があるということです。

　そして、ここで述べた変動要因は為替相場だけでなく、株式相場や債券相場、商品相場にも共通します。その時々でどの変動要因が強く影響しているかを見極めることが重要になるのです。

65 直物（じきもの）相場 (SPOT RATE)

Q 直物相場とは、直物為替取引に適用される為替相場のことです。対顧客直物相場と銀行間直物相場がありますが、それぞれどういう相場か、お分かりですか？

A 対顧客直物相場は銀行が顧客との間で為替売買を行うときに使用する相場で、銀行間直物相場は外国為替市場で銀行と銀行との間で為替売買が行われるときに使用する相場です。

<解　説>

1. 直物相場とは

　外国為替の売買契約が成立すると同時（対顧客取引）に、または成立後2営業日以内（銀行間取引）に引渡が行われる直物為替取引に適用される相場のことです。

2. 対顧客直物相場と銀行間直物相場の関係

　対顧客直物相場は、銀行と顧客との外国為替取引で、取引と同時に外貨と円貨の受渡を行う場合に適用されます。当該相場は、毎営業日（土・日・祝祭日を除く）、東京外国為替市場での外国為替取引をベースに決定されます。この市場で取引されるマーケット・レートとは、銀行間の為替取引の場合に適用される相場のことで、銀行間直物相場（インターバンク・レートまたは市場相場）と呼ばれています。

　銀行は、基本的に顧客に売る外貨を銀行間直物相場で市場から買い、顧客から買った外貨をこの市場で売ります。つまり、銀行間直物相場は市場の構成者である銀行間の為替の需給関係により、時々刻々と変動する極めて重要な相場と言えます。

3. 米ドルの対顧客直物相場

　銀行と顧客との間で取引される対顧客直物相場は、この東京外国為替市場で取引される相場水準から、毎朝（米ドルは、午前 10 時頃）相場の中心値を決定して発表されます（下図参照）。なお、図では為替手数料を 1 米ドル当たり 1 円としていますが、これはあくまでも一般的な標準値です。実際には、各金融機関が自由に設定できます。

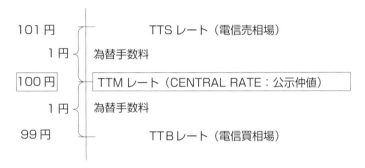

＜米ドル対顧客直物相場の仕組み＞

101 円	TTS レート（電信売相場）
1 円	為替手数料
100 円	TTM レート（CENTRAL RATE：公示仲値）
1 円	為替手数料
99 円	TTB レート（電信買相場）

4. 米ドル以外（その他通貨）の対顧客直物相場

　米ドル以外の通貨の公示（公表）相場は、米ドルの公示仲値（基準相場）と午前 10 時頃に東京外国為替市場で取引されている当該通貨の対米ドル相場（クロス・レートという）から間接的に算出されます。このように間接的に算出される相場のことを「裁定相場」と言います。

　たとえば、英ポンド（公示仲値）は以下のように算出されます。

　　基準相場　　　　　1 米ドル＝100 円
　　クロス・レート　　1 英ポンド＝1.40 米ドル
　　裁定相場　　　　　1 英ポンド＝100 円×1.40＝140 円

　米ドル以外の通貨の公示相場は、まず上記のとおり間接的に当該通貨の公示仲値を算出し、その公示仲値に銀行手数料などを加減して決定されます。こうして決定された電信売相場や電信買相場などの各種対顧客直物相場は、午前 11 時頃に公示・公表されます。

66 先物（さきもの）相場 (FORWARD RATE)

Q 先物相場とは、先物為替取引に適用される外国為替相場のことです。どのような仕組みで決められるか、お分かりですか？

A 先物相場は銀行間直物相場（市場相場）に、二国通貨間の金利差から算出するスワップ・スプレッドを加減することで決定されます。

<解　説>

1. 先物相場とは

　直物相場（SPOT RATE）に対して、事前の契約をしてから一定期間後に外貨と円貨の受渡を行う場合の相場のことです。つまり、将来の時点における為替相場のことです。この先物為替契約のことを為替予約と言い、単に「予約」とか「先物予約」と呼ぶこともあります。

2. 先物相場と直物相場の関係

　先物相場と直物相場の関係を簡単にみていきましょう。たとえば、米国の金利が日本の金利より高い場合、投資家は日本円を米ドルに替えて、米国の金利で資金を運用しようとします。しかし、投資資金を回収する時点で、もし米ドルの相場が安くなっていると元金が目減りし、金利の高さを帳消しにしかねません。そこで、投資家は資金回収時点での為替予約を締結することで、元本の安全を図るわけです。

　投資家が円を米ドルに替えるということは、直物の米ドルを買うことであり、資金回収時点の為替予約を締結するということは、先物の米ドルを売ることです。つまり、直物の米ドルは買われるので高くなり、先物は売られるので安くなるので、先物の相場が安くなり金利の

高さを帳消しにする時点で、この投資の動きは止まります。

　このような二国間の金利差を狙って鞘取りを行うことを金利裁定取引と言い、先物相場は、この取引の結果により定まります。「金利裁定が働いた」という話を聞いたことがあると思いますが、これは「二国通貨間に金利差があると、高金利通貨の先物相場は、金利差の分だけ直物相場より安くなり、逆に低金利通貨の先物相場は、金利差の分だけ直物相場より高くなる」ということです。

3. 先物相場の決定の仕組み

　先物相場は、将来の相場を予想した数値ではなく、二国通貨間の金利差から算出されるスワップ・スプレッド（直先スプレッド、またはスワップ・レート）を加減することによって決定されます。その算式は、以下の通りです。

＜先物相場＝銀行間直物相場（市場相場）＋スワップ・スプレッド＞

　たとえば、米ドルの３カ月先の先物相場を算出してみましょう。

銀行間直物相場（市場相場）：１００円
日本円の３カ月物の市場金利：0.10％
米ドルの３カ月物の市場金利：0.30％
日本円と米ドルの金利差：▲0.20％
スワップ・スプレッド＝１００円×（0.10−0.30)％×3/12
　　　　　　　　＝▲0.05％（ディスカウント５銭）
したがって、米ドル３カ月先物相場＝１００円−0.05円＝99.95円

　以上の通り、米ドルが円に比べて高金利通貨なので、米ドルの先物相場は直物相場よりも５銭・米ドル安の相場になります。このように米ドルの先物相場が直物相場に比べて米ドル安になることを、「米ドル先物ディスカウント」と言います。一般的に、先物相場が先になるほど安くなることをディスカウント（DISCOUNT）、逆に先になるほど高くなる場合をプレミアム（PREMIUM）と呼んでいます。

67 為替リスクヘッジ その1

Q 為替リスクのヘッジには、為替予約や通貨オプション、通貨スワップ、円建て取引、マリーなどがあります。最初に為替予約がどのようなものか、見ていきましょう。

A 為替予約とは、顧客と銀行との間で、「一定金額の外国為替を、一定の為替相場で、一定の期間後に受け渡すことをあらかじめ決めておくこと」を言います。

＜解 説＞

1. 為替リスクヘッジの必要性

為替相場の動向は、グローバルに展開する企業、あるいは自ら進出していなくても外国企業と取引する企業はもちろんですが、個人にとっても収益に重大な影響を与えます。つまり、為替リスク対策の優劣が、それぞれの業績を決定づけると言っても過言ではないのです。

具体的な為替対策をあげると、為替予約、通貨オプション、通貨スワップ、円建て取引、マリー、外貨預金、外貨借入れ（インパクトローン）、居住者間外貨建決済、リーズ・アンド・ラグズ、そして海外進出などがあります。始めに為替予約について見てみましょう。

2. 為替予約

為替予約は、最も一般的な為替リスクのヘッジ方法です。具体的には、「顧客が将来為替相場は今より良くならない」「今より良くなる可能性はあるが、現在の相場でも儲かっているので敢えてリスクを取らずに取引採算を固めよう」、あるいは「将来の為替相場が今より不利になる可能性があり、現在発生している含み損がこのままではさらに

拡大する」と判断したような場合に利用されます。

　市場相場をベースにした先物相場は刻々と変動しているため、常に顧客が希望する水準にあるとは限りませんし、待っていれば希望する水準に到達するとも限りません。したがって、為替予約を利用するか否かは、将来の為替相場に対する見通しに基づいて、顧客自身が判断することになります。

　たとえば、「為替予約を利用するよりも、代金決済を行う当日の直物相場のほうが有利」と判断すれば、為替リスク対策を講じないという選択肢もありえます。その結果、予想が的中し大きな利益を上げることもあるでしょう。逆に、為替予約を締結したが、代金決済を行う当日の直物相場のほうが予約相場より有利だったため、結果的に為替予約を締結しなかったほうが良かったということもあるでしょう。

＜日本の輸出者の例＞

売買契約時点：1米ドル＝105円
代金受取時：1米ドル＝115円になった場合
1米ドルにつき10円多く受け取ることができます。仮に契約額が5万米ドル（105円換算で525万円）の場合、受け取り時には575万円と、50万円増になります。

　いずれにしても、為替予約を締結した時点で、その後の相場変動にかかわらず、期日の取引に適用する相場は先物相場となります。それでもリスクを取るより、早期に取引採算を確定することを優先して、為替予約を締結する顧客も少なくありません。つまり、為替予約は、より大きな利益を生み出すというより、相場を事前に確定することで、取引の採算を固めるという安全策の要素が強いと言えます。

　直物相場に売相場と買相場とがあるように、為替予約にも、売予約と買予約があります。この売・買というのは、銀行からみた用語なので、輸出予約が買予約、輸入予約が売予約になります。為替予約を申し込むときには、売買区分を相違しないよう注意してください。

68 　為替リスクヘッジ その２

Q 今回は通貨オプションを採り上げます。通貨オプションとは、どのようなものでしょうか？

A 通貨を一定の価格で売買する権利のことで、売る権利をプット・オプション、買う権利をコール・オプションと言います。

＜解　説＞

3. 通貨オプションとは

　顧客と銀行の間で、「期日（権利行使日）に」、「一定の相場（行使価格あるいはストライク・プライス）で」、「ある特定の通貨を別の通貨を対価として売る権利(プット・オプション)あるいは買う権利(コール・オプション)」を売買する取引を言います。期日の如何にかかわらず、予約相場で取引を行わなければならない為替予約を「義務」と呼ぶとすれば、通貨オプションは、あらかじめ定めた相場で取引をするかしないかを、オプションの買い手である顧客が選択できるという意味で、「権利」と呼ぶことができます。

　為替予約の場合は、予約相場が受渡期日の直物相場より有利・不利にかかわらず、その予約相場で取引が実行されます。これに対して通貨オプションは、あらかじめ定められた相場（行使価格）が期日の直物相場より有利であれば権利を行使し、不利であれば権利を放棄して期日の直物相場を使用することができます。こうした特徴から、通貨オプションは「選択権付為替予約」とも言われています。

　もちろん、こうしたメリットがある一方で、顧客にも一定の負担をしてもらいます。それは、オプションを行使する権利の対価として、

オプション料を銀行に支払う必要があるということです。

　事例をもとに説明しましょう（下図参照）。たとえば、輸出業者が銀行からドル・プットオプション（期日：3カ月先、行使価格：1米ドル＝100円、オプション料：1米ドル当たり1円）を購入したとします。3カ月先の直物相場が95円であれば、当然、権利を行使して100円の相場を確保します。一方、105円であれば権利を放棄して105円の相場を使用します。このようにプット・オプションの買い手は、権利行使日における直物相場が行使価格より円高／ドル安の場合は、権利を行使して行使価格で外貨を売却し、円安／ドル高の場合は、権利を放棄して直物相場で外貨を売却することになります。

<プット・オプションの例>

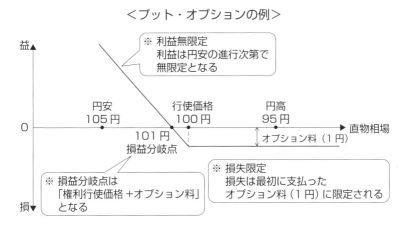

　同じ条件で、輸入業者が、銀行からドルコール・オプションを購入したとします。3カ月先の直物相場が95円であれば、当然、権利を放棄して95円の相場を使用します。一方、105円であれば権利を行使して、100円の相場を確保します。このようにコール・オプションの買い手は、権利行使日における直物相場が行使価格より円高／ドル安の場合は、権利を放棄して直物相場で外貨を購入し、円安／ドル高の場合は、権利を行使して行使価格で外貨を購入するわけです。

69 為替リスクヘッジ その3

> **Q** 為替リスクのヘッジ方法として、次に通貨スワップを採り上げます。どのような方法なのでしょうか？

> **A** 米ドルと日本円などの異なる通貨建ての資金を交換する金融取引のことです。スワップ（SWAP）とは、交換するという意味です。

<解 説>

4. 通貨スワップ

　通貨スワップとは、取引当事者が異なる通貨の資金を相互に交換する取引のことです。たとえば、米ドル建ての外債を発行する日本企業が、為替リスクを回避するため、金融機関を通じて外債を実質的に円資金に切り替える手段として活用しています。外国から資金を調達する日本企業にとっては、欠かせない金融取引と言えます。

<具体例>
○現在、1米ドル＝ 100 円
○日本のＡ社が1億米ドル、米国のＢ社が 100 億円を調達希望
　自力で調達すると、ともに外国企業扱いされるため金利が高くなる。
そこでＣ銀行が仲介し、Ａ社は国内金利で 100 億円を調達、同様にＢ社は米国国内で1億米ドルを調達。こうすることで割安な国内金利で、それぞれ必要な外貨を調達できるわけです。

---

5. 円建て取引

　為替リスクは、顧客が外国の相手方と外貨建てで契約するときに発生します。もちろん国内取引と同様に、相手方と円建てで契約することができれば、為替リスクを回避することができます。

　ただし、円建て契約は外国の相手方が為替リスクを負担することになるので、相手方に円建てでの取引に同意してもらう必要があります。

6．マリー（MARRY）

　マリーとは、外貨債権と外貨債務を同条件（同通貨、同金額、同時期）で組み合わせて、為替リスクを回避する方法です。典型的なマリーの手法は、以下の通りです。

・輸出代金の受取を輸入代金の支払に充当する。

・外貨預金（注1）を輸入代金の支払に充てる。

・輸入代金の支払をインパクトローン（注2）の借り入れで賄う。

・輸出代金の回収をインパクトローンの返済に充てる。　等々

（注1）外貨預金：たとえば、輸出代金として受け取った外貨を円転（日本円に替えることで、正式には円転換と言う）せずに、外貨預金に外貨をそのまま預け入れておき、輸入代金の支払が発生したときに充当すれば、為替リスク対策になります。また、輸入代金の支払などの外貨債務がある場合、債務に見合う同一通貨の外貨預金を作成することで、為替リスクを回避できます。たとえば輸入取引で、3カ月後に1百万米ドルの決済送金がある場合、期間3カ月の外貨定期預金1百万米ドルを作成するという方法です。個人であれば、海外旅行の計画や留学中の子女へ仕送りの予定がある場合などに利用できます。相場の有利なときに外貨を購入し、期日を旅行日や送金予定日に合わせて外貨定期預金を作成すれば、期日に外貨で引き出したり、そのまま送金資金に充当できるというわけです。こうした手法を利用することで、相場が米ドル高・円安になっても、高い外貨の購入を余儀なくされるというリスクを回避できるのです。

（注2）インパクトローン：外国通貨建ての借入のことで、次のように利用することによって、為替リスクをヘッジできます。たとえば、米ドル建て輸出代金の回収予定があり、その時期の相場が現在より米ドル安・円高が予想される場合、米ドル建てインパクトローンの借入れを行い、米ドルを円転、その返済に輸出代金として受け取る米ドルを充当します。こうすれば、円高になる前の相場で円転し、返済は外貨のまま行うので、その後の相場動向に左右されません。

為替リスクヘッジ その4

Q 今回は、居住者間の外貨建決済を採り上げます。どのよう方法なのでしょうか？

A たとえば、日本と日本の企業間で、商取引の決済を通常の日本円ではなく、米ドルなどの外貨で行うことを言います。

＜解　説＞

7. 居住者間の外貨建決済

　1998年に施行された外国為替及び外国貿易法（いわゆる外為法）の改正により、居住者間の外貨による資金決済が可能になったことを利用して、為替リスクを回避する方法です。たとえば、米ドル建てで輸出代金を回収している輸出業者が、国内の仕入れ先に買掛金を円貨で支払わず、米ドル建てにすることで、為替リスクを仕入先に転嫁することができます。一方、仕入先も原材料を米ドル建てで輸入すれば、仕入先も為替リスクを回避することができるわけです。

8. リーズ・アンド・ラグズ（LEADS & LAGS）

　リーズ・アンド・ラグズのリーズ（LEADS）は「時計の針を進めること」で、ラグズ（LAGS）は「針を遅らせること」です。つまり、為替相場の動向予測に基づき、外貨の受取・支払を契約で許容される範囲内で、意識的に早めたり遅らせたりする方法です。

　たとえば、G7で米ドル防衛策が合意され、今後ドル高／円安へ向かうと予測されるとしましょう。そうなると、米ドル建て債務を持つ輸入業者は、ドル安／円高のうちに送金することで必要な円貨を少なくしようとします。これがリーズです。一方、米ドル建て債権を持つ

輸出業者は、ドル高／円安になってから米ドルを円に交換するほうが有利なので、信用状ベースの輸出買取であれば、貨物の船積や輸出荷為替手形の買取を遅らせようとします。これが、ラグズです。

9．ネッティング（NETTING）

ネッティングとは、債権と債務を相殺により決済することを言います。決済金額が圧縮されることになるので、その分、為替リスクは減少します。ここでは相殺、貸借記、交互計算について説明します。

相殺とは、取引の相手方との清算を債権と債務の差額で行うことを言います。たとえば、A企業が取引の相手方に対して30万米ドルの輸出債権を持つ一方、輸入商品代金として20万米ドルの輸入債務を持つ場合、その差額の10万米ドルで決済するのが相殺です。

貸借記とは、この差額精算を個別ではなく、一定期間内に発生する複数の債権・債務にまで広げて行う方法です。さらに、この貸借記を継続して行うのが交互計算です。貸借記が単発の取引であるのに対し、交互計算は本支店間、関連会社間、あるいは長年の取引先との間など、継続的取引関係がある場合に利用されます。

10．海外進出

1985年のプラザ合意以降の円高を受けて、日本の多くの輸出企業が、人件費が安く米ドルに対して為替相場が円ほど不利にならない東南アジア諸国に進出しました。そこに工場を設置し、そこから海外に出荷するようになったのです。また、製造コストに占める人件費のウェイトが高い衣料品製造業など、労働集約型の企業の多くも競争力強化のため海外に生産拠点を移しています。

<地域別日系企業（拠点）数（2017年）>

アジア	北米	西欧	東欧・ロシア	南米	その他	総計
52,860	9,417	5,833	1,613	1,450	4,358	75,531
70.0%	12.5%	7.7%	2.1%	1.9%	5.8%	100%

貿易代金決済方法・送金ベース

Q 貿易代金の決済方法には、送金ベースと信用状ベースがあります。送金ベースの決済方法の仕組図をイメージできますか？

A 送金ベースの決済方法には、前払と後払があります。それぞれ下記のような仕組図になります。

<解　説>

貿易代金を送金によって決済する方法は、国内で行われている振り込みに該当します。最もシンプルかつポピュラーな方法で、現在も大半の代金決済は送金によって行われています。

1. 前払送金ベースの決済

輸入者は、商品を受け取る前に輸出者に代金を支払うので、輸入者

<前払送金ベースの決済（イメージ図）>

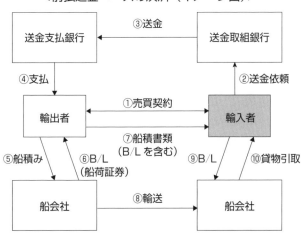

にとっては商品入手リスクがあり、極めて不利な方法です。

　一方、輸出者は、代金を受け取ってから商品を船積みするので、輸出者にとっては大変有利な方法です。

2．後払送金ベースの決済

　輸入者は、商品を受け取ってから代金を支払うので、輸入者にとっては極めて有利な方法です。

　一方、輸出者は、代金を受取る前に出荷するので、輸出者にとっては代金回収リスクが残り、大変不利な方法です。

<後払送金ベースの決済（イメージ図）>

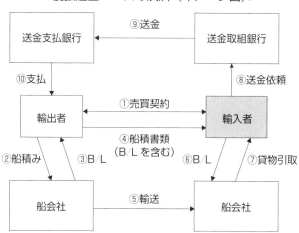

3．当事者同士の決済方法

　上記の1及び2は、銀行を経由した送金方法ですが、銀行を経由せず直接、当事者同士で決済する方法もあります。代表的なのがペイパル決済で、ネットショップなど、個人取引で盛んに利用されています。PayPal（ペイパル）とは、アメリカの電子決済会社 PayPal（ペイパル）が提供するオンライン決済サービスで、銀行より手数料が安いなどのメリットがあります。

72 信用状とは？

> **Q** 貿易代金の決済方法には、送金ベースのほか信用状ベースが
> あります。信用状とは、一体どんなものなのでしょうか？

A 信用状とは、輸入者の取引銀行（信用状発行銀行）が輸出者
に対して発行する条件付きの支払確約書です。

<解　説>

1. 信用状（L/C：LETTER OF CREDIT）とは？

　信用状とは（L/C）とは、輸入者の取引銀行が（信用状発行銀行）が、
一定の条件（船積書類が信用状条件に合致していること）のもとに、
輸出者に対して支払を確約する書状です。もう少し具体的に言えば、
輸出者が商品を船積みした後、輸入者がたとえ倒産しても、信用状の
条件を満たした船積書類を提出すれば、輸入地の信用状発行銀行に
よって、商品代金が支払われるという仕組みです。

　このように、信用状は支払を確約する書状ですが、無条件に支払義
務を負う内容だと、信用状発行依頼人（輸入者）と発行銀行が著しく
不利になります。そのため商品を確実に輸入できるように、信用状に
「一定の条件」を付けています。

　「一定の条件」とは、「信用状発行銀行に到着した船積書類が、信用
状条件に合致している」ということです。輸入者は注文した商品を確
実に入手するために、各々の船積書類にさまざまな要求を条件づけま
す。

　つまり、輸入者は信用状で輸出者に行為を要求しても、支払確約の
条件にはならないため、要求したい行為を輸出者に提出させる船積書

類の内容に盛り込むことで確実に商品入手を実現しようとするわけです。一方、輸出者も確実な支払を受けるために、信用状条件に合致した船積書類を作成することになります。

　なお、船積書類には、インボイス（商業送り状）や船荷証券、保険証券、包装明細書（パッキングリスト）、原産地証明書などがあります。

2. 信用状の当事者

　信用状取引は、以下の当事者によって行われます。

○輸入者

　信用状発行銀行との間で、約定書を取り交わしたうえで、信用状の発行を依頼します。

○信用状発行銀行

　信用状通知銀行に信用状を発行し、輸出者に支払を確約します。

○信用状通知銀行

　輸出者に信用状の到着通知を行います。

○輸出者

　通知された信用状に基づき、商品を船積みします。

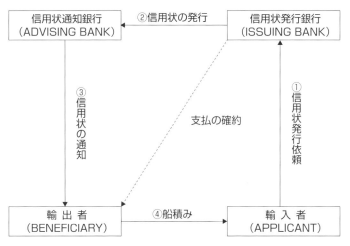

＜信用状の当事者の動き（イメージ図）＞

73 為替手形と船積書類

Q 船積（フナヅミ）書類には、インボイスや船荷証券（B/L）、航空貨物運送状、保険証券、包装明細書、原産地証明書などがあります。インボイスとは、どのようなものでしょうか？

A インボイスとは、輸出者（売主）が輸入者（買主）に宛てた出荷案内書兼価格計算書・請求書のことです。単なる私文書ですが、貿易取引上の重要な書類と言えます。

＜解　説＞

1. 為替手形

手形には、為替手形と約束手形の2種類あり、貿易取引に使用されるのは為替手形で、一般的にドラフトと呼ばれています。為替手形を一言で言えば、輸出者が手形の支払人に宛てて振り出す請求金額が記入された手形のことです。もう少し正確に言うと、「一定金額を受取人その他の手形所持人に、その請求に応じて支払うことを、書面をもって指図し委託する有価証券」となります。

2. 船積書類

船積書類は、船舶はもちろん、航空機による運送、さらには銀行に持ち込む輸出関連のすべての書類を意味して使われています。具体的な手続きですが、まずは輸出者が船積みを完了次第、船積書類を作成または整備します。信用状ベース取引では、信用状条件通りの船積書類を、無信用状ベース取引の場合は、契約に従った船積書類を整備し、それを銀行に提出することで代金を回収します。このように貨物代金が決済されてはじめて貿易取引は終了するわけです。

3. 船積書類の種類

代表的な船積書類は、以下の通りです。

(1) インボイス（商業送り状：COMMERCIAL INVOICE）

輸出者が、輸入者に宛てた出荷案内と代金請求を兼ねた書類です。輸出者と輸入者の名称と住所、売買契約番号、商品明細（数量、単価など）、総額、船積内容（積込港、陸揚港、船名）などが記載されます。

＜インボイスの３つの役割＞

・輸出する商品の品名、種類、数量、価格などを記した「明細書」
・輸出者が輸入者に対して求める商品代金の「請求書」
・輸出者が輸入者に対して送る商品の「納品書」

(2) 船荷証券（B/L：BILL OF LADING）

海外に商品を輸送する場合、海上輸送か航空輸送のいずれかになります。海上輸送の場合は、船会社が船荷証券を発行し、受け取った輸入者がこれと引き換えに貨物を受け取ります。つまり、船荷証券は「貨物（商品）そのものの権利を記載した書類」と言えます。

(3) 航空貨物運送状（エア・ウェイビル：AIR WAYBILL）

航空輸送の場合は、航空会社が航空貨物運送状を発行します。ただし、これは単なる貨物受取証に過ぎず、有価証券ではありません。

(4) 保険証券（INSURANCE POLICY）

輸送中の事故や災害に備えて保険をかけると、保険会社から保険証券が発行されます。

(5) 包装明細書（PACKING LIST）

インボイスの記載を補足し、商品の包装内容、重量、容積などを記載した書類で、梱包明細書とも言われています。

(6) 原産地証明書（CERTIFICATE OF ORIGIN）

商品の原産地を証明する書類で、関税の負担軽減を図る場合（輸入国との間で関税の減免に関する条約を締結）などに使用されます。

信用状ベース決済

Q 貿易代金の決済方法として信用状ベースがあります。その信用状に基づく決済方法をイメージして、仕組図を描くことができますか？

A 信用状ベースの決済の場合、当事者は輸入者、輸出者、信用状発行銀行、信用状通知銀行などです。仕組の概要を図にすると、次ページのようになります。

<解　説>

　信用状ベース決済の流れは、以下の通りです。下記の説明文の番号と仕組図の番号の内容は一致します。

①売買契約：輸入者と輸出者との間で、売買契約が結ばれます。

②信用状発行依頼：輸入者は取引銀行に信用状の発行を依頼します。

③信用状発行：輸出者の取引銀行宛に信用状を発行します。

④信用状通知：輸出者に信用状の到着通知を行います。

⑤船積み：輸出者は信用状の条件に従い船積みを行います。

⑥荷為替手形買取依頼：輸出者は、手形を振り出し、船積書類とともに買取（手形の割引）を依頼します。荷為替手形とは手形と船積書類のことです。

⑦買取代り金の支払：輸出者の取引銀行は割引代金を輸出者に支払います。

⑧荷為替手形の送付：荷為替手形を信用状発行銀行に郵送します。

⑨船積書類到着案内：信用状発行銀行は、輸入者に書類の到着案内を行い、手形の決済を求めます。

⑩荷為替手形の決済：輸入者は手形の決済を行います。

⑪手形代り金の支払：信用状発行銀行は輸出地の銀行に手形の支払（決済）を行います。

⑫船積書類の交付：輸入者は手形の決済と引き換えに船積書類の交付を受け、それを船会社に書類を呈示して貨物（商品）を引き取ります。

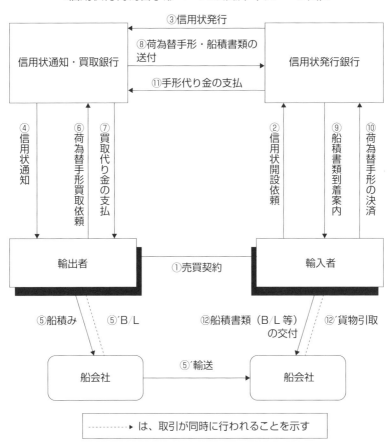

＜信用状付荷為替手形ベースの決済（イメージ図）＞

75

無信用状ベース決済 D/P

Q 送金ベースと信用状ベースのほかに、無信用状に基づく決済方法があります。どのような決済方法なのでしょうか？

A 文字通り、信用状に基づかず輸出代金を回収の方法です。具体的には、輸出者が輸入者を支払人とする荷為替手形を振り出し、それを取引銀行に持ち込むことで決済します。この決済方法には、D/P ベースと D/A ベースがあり、まずは D/P ベースから説明します。

<解　説>

D/P ベースとは、(DELIVER) DOCUMENTS AGAINST PAYMENT の略で、輸出者が振り出した手形の「支払」と引き換えに、輸入者は船積書類を受け取ることができます。具体的な決済の流れは、以下の通りです。

なお、下記の説明文の番号と仕組図の番号の内容は、一致します。

①売買契約：輸入者と輸出者との間で、売買契約が結ばれます。

②船積み：輸出者は、契約書に従って、船会社に連絡を入れ船積手続を行い、船積書類を用意します。

③荷為替手形買取依頼：輸出者は、手形を振り出し、船積書類とともに取引銀行に買取（手形の割引）を依頼します。荷為替手形とは手形と船積書類のことです。

④買取代り金の支払：輸出者の取引銀行は、割引代金を輸出者に支払います。

⑤荷為替手形の送付：輸出地の買取銀行は、荷為替手形を輸入地の輸

入者の取引銀行宛に郵送するとともに、手形代り金を請求します。

⑥船積書類到着案内：輸入者の取引銀行は、輸入者に船積書類の到着
　案内を行い、手形の決済を求めます。

⑦荷為替手形の決済：輸入者は手形の決済を行います。

⑧手形代り金の支払：輸入地の銀行は、輸出地の買取銀行宛に手形の
　支払（決済）を行います。

⑨船積書類の交付：輸入者は、手形の決済と引き換えに船積書類の交
　付を受けます。そして、船会社に書類を呈示して、貨物（商品）を
　引き取ります。

<D/P ベース取引の仕組図>

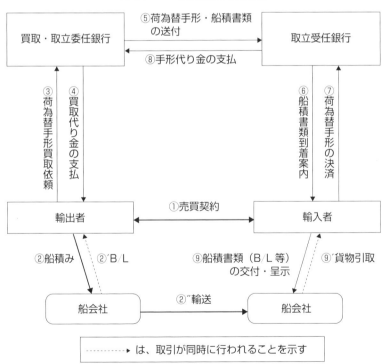

----------▶ は、取引が同時に行われることを示す

無信用状ベース決済 D/A

無信用状に基づく決済方法のもう１つ、D/A ベースとは、どのような方法なのでしょうか？

A
D/A ベースとは、輸出者が振り出した期限付き手形の引受と引き換えに、輸入者は船積書類を受け取ることができます。

＜解　説＞

D/A ベースとは、(DELIVER) DOCUMENTS AGAINST AC-CEPTANCE の略で、輸出者が振り出した手形の「引受」と引き換えに、輸入者は船積書類を受け取ることができます。具体的な決済の流れは、以下の通りです。

なお、下記の説明文の番号と仕組図の番号の内容は一致します。

①売買契約：輸入者と輸出者との間で、売買契約を結びます。

②船積み：輸出者は、契約書に従って、船会社に連絡を入れ船積手続を行い、船積書類を用意します。

③荷為替手形買取依頼：輸出者は、期限付き手形を振り出し、船積書類とともに取引銀行に買取（手形の割引）を依頼します。荷為替手形とは、手形と船積書類のことです。

④買取代り金の支払：輸出者の取引銀行は、割引代金を輸出者に支払います。

⑤荷為替手形の送付：輸出地の買取銀行は、荷為替手形を輸入地の輸入者の取引銀行宛に郵送するとともに、手形の引受を求めます。

⑥船積書類到着案内：輸入者の取引銀行は、輸入者に船積書類の到着案内を行い、手形の引受を求めます。

⑦荷為替手形の引受：輸入者は手形の引受を行います。

⑧手形引受通知：輸入地の銀行は、輸出地の買取銀行宛に、引受通知を行うとともに、支払期日を連絡します。

⑨船積書類の交付：輸入者は、手形の引受と引き換えに、船積書類の交付を受けます。そして、船会社に書類を呈示して、貨物（商品）を引き取ります。

⑩荷為替手形の決済：手形の支払期日に、輸入者は、取引銀行に対して、荷為替手形の決済（輸入代金の支払）を行います。

⑪手形代り金の支払：輸入地の銀行は、輸出地の買取銀行宛に手形支払（決済）を行います。

＜ D/A ベース取引の仕組図＞

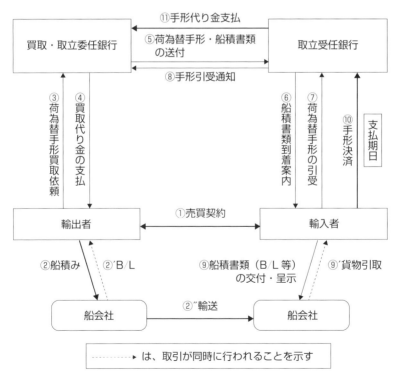

77 貿易金融とは？

Q 貿易金融には、輸出金融や輸入金融、現地金融があります。
輸入金融には、輸入ユーザンスという金融取引がありますが、ど
んな取引なのでしょうか？

A ユーザンス（USANCE）とは、一定期間支払を猶予すること、
または手形期間を言います。輸入ユーザンスという場合は、輸入
者に輸入貨物代金の支払を一定期間猶予することを意味します。

＜解　説＞

1. 貿易金融とは

　貿易に関する金融には、輸出金融、輸入金融という輸出入取引を円
滑にするための金融と、海外支店や現地法人の設立、合弁事業、
M&A（合併・買収）のための現地金融があります。まず輸出金融で
すが、これには輸出前の生産や仕入れに対する輸出前貸し金融や貨物
積出後の代金回収金融があります。一方、輸入金融には、信用状の発
行や輸入決済資金の提供、輸入決済の猶予（ユーザンス）、輸入貨物
の処分から代金回収までの金融など多くの種類があります。

　もう1つの現地金融ですが、これには海外支店や現地法人、合弁会
社などの海外進出企業が、現地の日本の銀行の支店や地場の銀行（外
国の銀行）から運転資金や設備資金を借り入れるものがあります。

2. 輸出金融

　輸出金融には、船積前金融と船積後金融があります。通常、輸出取
引の場合、商品が輸出者から輸入者に届くまでに相当の日数を要する
ので、輸出者は商品の生産や仕入れの準備のための資金が必要になり

ます。こうした商品を船や飛行機で出荷する前の段階の金融のことを
船積前金融と言い、主に当座貸越や手形貸付などが利用されます。

　一方、輸出者は荷為替手形を作成し、代金の取立を行うことになり
ますが、通常、銀行が荷為替手形を買取り（割引き）、代金の立替払
いを行います。この荷為替手形の買取を船積後金融と言います。

3.　輸入金融

　輸入金融とは、輸入業務に必要な資金の金融で、貨物の輸入決済資
金の金融と国内の需要者への貨物の販売から代金回収までの金融があ
ります。代表的なものに輸入ユーザンスがあり、上記の当座貸越や手
形貸付も利用されます。

　輸入ユーザンスとは、銀行が輸入者に輸入貨物の支払を一定期間猶
予するものです。ユーザンス（USANCE）とは、本来「期間」とい
う意味ですが、輸入金融では「支払を猶予する」、つまり「本来支払
わなければならない状態のものを、一定期間待ってあげる」という意
味で使われます。銀行が行う金融として、最もわかりやすいのは資金
を新たに融資することですが、返済すべき資金を回収せずに待ってあ
げることも経済効果は同じなので、金融以外の何物でもありません。

＜輸入ユーザンスの種類＞

邦銀ユーザンス	本邦の銀行が、輸入者に対して輸入為替の決済を猶予し、一定期間の輸入ユーザンスを供与するもの。
外銀ユーザンス	外国にある銀行が、本邦の銀行が発行した期限付き信用状に基づいて、輸出者が振り出した期限付き手形を引き受け、手形期日まで輸入ユーザンスを供与するもの。

4.　現地金融

　主に現地法人や合弁会社などの海外進出企業が、現地の日本の銀行
の支店や地場の銀行から受ける融資のことを言います。融資の内容は、
現地での運転資金や設備資金などさまざまですが、最近ではM&A
のための大口融資が目立っています。

第7章

国際収支はどんな構造をしているの？

78 国際収支とは？

Q 新聞やテレビで、経常収支や貿易収支、資本収支、サービス
収支など、国際収支項目の赤字・黒字が話題になることがありま
す。国際収支とは、どのような収支なのでしょうか？

A 国際収支とは、外国との国際金融・経済取引で、一定期間に
生じたお金の受け払いをまとめた勘定のことです。モノやサービ
スの取引から生じる経常勘定（貿易収支、サービス収支、所得収
支などで構成）と証券投資などを示す資本勘定に大別されます。

＜解　説＞

1. 国際収支とは？

　自国と外国の経済取引で発生した収支を記録したものを国際収支と
言います。経済的な用語を用いて説明すると、「ある一定期間中の、
居住者と非居住者のあらゆる対外取引に関して、いずれかの国を起点
に「支払われるもの」と「受け取るもの」に分類し、一定の手法で体
系的に記録したもの」となります。つまり、この国際収支の動きを把
握すれば、国際金融の動きも把握することができるわけです。

　ここで言う居住者は、本邦内に住所または居所を有する自然人およ
び本邦内に主たる事務所を有する法人、非居住者は居住者以外の自然
人および法人であり、必ずしも国籍とは一致しません。たとえば、外
資系企業の本邦内の支店、出張所などは、居住者とみなされます。

　国際収支は国家レベルの大きな視点から見た金融・経済の動きであ
り、マクロ経済の重要なデータと言えます。ただし、経常収支、貿易
収支、サービス収支、所得収支、資本収支、経常移転収支など、似た

ような名前が多いので、初心者には分かりづらい面があります。

2. 国際収支統計とは？

　資本主義経済の全体像を正確に理解するためには、諸外国との経済的取引がどのような状況にあるかも把握する必要があります。特に外国との貿易取引や資本の貸借状況を集計し、体系的に記録する国際収支会計の統計は、マクロ経済の状況を総括する重要な情報と言えます。

　諸外国との取引には、大きく分けて財・サービスの取引（貿易取引）と、資本の取引（金融取引）があります。そのため国際収支会計も財・サービスの流れを集計する経常勘定と、資本の流れを集計する資本勘定が大きな柱になります。これらの取引は一定期間（1年あるいは1四半期など）ごとに体系的に集約され、国際収支表に記載されます。

　国境を越えて資金移動が行われる現在、国内の景気動向だけで金融政策は行えません。海外との資金移動の影響を読む必要があります。その材料となるのが国際収支統計で、輸出入、サービス、資本など、一定期間におけるすべての対外取引を項目別に整理しています。

　現在、各国は、国際通貨基金（IMF）が定めている共通の基準である「国際収支マニュアル」に基づいて、国際収支表を作成しています。これにより、各国が同じ基準で、国際収支を算出することができます。日本では、「外国為替及び外国貿易法」（以下、「外為法」）の規定に基づき、財務大臣から委任を受けて、日本銀行が作成しています。

<国際収支統計作成の概要>

作成周期：国際収支状況　<速報>月次、<第2次速報>四半期、<年次改訂>年次
　　　　　地域別国際収支状況　四半期、<年次改訂>年次
公表時期：国際収支状況　<速報>翌々月第6営業日、<第2次速報>翌々四半期の最初の月第6営業日、<年次改訂>翌年および翌々年4月第6営業日
　　　　　地域別国際収支状況　翌々四半期の2か月目第6営業日、<年次改訂>翌年および翌々年5月第6営業日

79 国際収支表

Q　国際収支表は、国際通貨基金（IMF）が定めている共通基準である「国際収支マニュアル」に基づいて作成されます。具体的に、どのようなものでしょうか？

A　ある一定期間において、その国全体として外国との間でどのくらいの受け取りと支払いが発生したかを示す総括明細表です。

＜解　説＞

　国際収支表は、「国際収支マニュアル」に基づいて作成されますが、そこには、以下の４つの原則が定められています。

1．居住者と非居住者の間で行われた取引を記録すること

　居住者とは、その国内に１年以上住所または居所を有する自然人、または本邦内に主たる事務所を有する法人（非居住者の本邦内の支店等は居住者とみなします）を指し、国籍によるものではありません。たとえば、本邦人（原則）、外国人（本邦内の事務所に勤務する者や本邦に６か月以上滞在している者等）、外国の法人等の本邦にある支店等、在外日本公館が該当します。

　一方、非居住者は、居住者以外の自然人および法人で、外国人（原則）、本邦人（外国にある事務所に勤務する者や、２年以上外国に滞在する者またはその目的で出国した者等）、本邦の法人等の外国にある支店等、在日外国公館、国際機関、在日米軍等が該当します。

2．所有権が移転した時点で記録すること（発生主義）

　国際収支表は、一定の期間で区切って、その間に発生した取引が計上される発生主義をとっています。たとえば、取引自体は発生してい

ても、その決済（支払等）は数か月先ということもあり得ます。その場合でも、取引が発生した時期に計上されることになります。

3．市場価格で記録すること

　金額は、市場価格で計上します。ここでいう市場価格とは、当事者が実際に取引を行った価格を指します。ただし、残高に関しては、評価が行われる時点の市場価格（時価）を用います。

4．複式簿記で記録すること

　簿記には、家計簿のように支払った内容と金額しか記入しない単式簿記と、すべての項目に対して、貸方と借方の両方に記録する複式簿記があります。たとえば、手持ち資金が1億円のA社が、米国から3千万円の機械を購入した場合、単式簿記では、その代金として現金3千万円が減ったことしか記録しません。一方、複式簿記の場合は、現金が3千万円減少したものの、機械という資産が3千万円分増えたという考え方をします。具体的には、機械3千万円を借方に資産として計上し、同時に支払った現金3千万円を貸方に記載します。

　こうした記載方法をとるため、複式簿記で作る表、たとえば貸借対照表（B/S）や損益計算書（P/L）は、常に左右のバランスが取れています。左右のバランスが取れているということは、それだけ照合チェックが厳格に行われる証左でもあるため、現在、国際収支の計算方式として複式簿記が採用されています。

【単式簿記】（家計簿）

現金	1億円
半導体製造機	−3千万円
残高	7千万円

【複式簿記】（法人の貸借対照表）

［貸方］		［借方］	
現金	3千万円	半導体製造機	3千万円
合計	3千万円	合計	3千万円

---

80 国際収支の構成

Q 国際収支表には、経常収支、資本収支、外貨準備増減、誤差脱漏の４つが記録されます。外貨準備増減と誤差脱漏とは、どのようなものなのでしょうか？

A 外貨準備増減とは、国が海外への支払に備えて保有している外貨や金などの資産総額の動向のことで、誤差脱漏とは、国際収支統計における誤差を修正するための項目のことです。

＜解　説＞

　国際収支は、主に経常収支と資本収支の２つに分けられます。国際収支表には、この２つに外貨準備増減と誤差脱漏が記録されます。

1. 経常収支

　経常収支とは、国と国の間で、モノやサービスのやり取りが行われた結果生じた収支（収入と支出）のことです。国際収支の中心を占める収支で、貿易収支、サービス収支、所得収支、経常移転収支の４つで構成されています。

2. 資本収支

　資本収支とは、国と国の間で、資金の貸し借りや投資が行われた結果生じた収支のことで、投資収支とその他資本収支に分類されます。投資収支には、直接投資（経営支配を目的とする投資）、証券投資（国債、一般企業の社債や株式などへの投資）が含まれます。

　一方、その他資本収支には、資本移転とその他資産が含まれます。さらに資本移転には、固定資産の所有権の移転や債権者による債務免除など、対価の受領が発生しない資金の移動が、その他資産には、特

許権、著作権、商標権などが含まれます。

3. 外貨準備増減

　外貨準備とは、国が保有する対外支払い準備を指します。為替介入を行う場合、あるいは通貨危機などによって、他国に対して外貨建て債務の返済などが困難になった場合に使用します。外貨準備の詳細な内訳は公表されていませんが、外貨建ての資産、金（ゴールド）、SDR（特別引出権：注1）、IMF リザーブポジション（注2）が含まれます。

　（注1）SDR：国際通貨基金（IMF）に加盟する国が持つ資金引出し権。
　（注2）IMF リザーブポジション：IMF の加盟国がその国の出資金に応じて IMF から借り入れことができる額。

4. 誤差脱漏

　誤差脱漏とは、国際収支統計における誤差を調整するための項目のことです。本来であれば、経常収支と資本収支、それに外貨準備増減を足し合わせるとゼロになるはずです。この算式のことを国際収支の恒等式（経常収支＋資本収支＋外貨準備増減＝ゼロ）と呼びます。しかしながら、実際には誤差が生じることがままあります。それは、異なる資料に基づいて貸方と借方の数値が計上されることが多いためです。その差額を調整する項目が、この誤差脱漏というわけです。

　国際収支統計においては、異なる統計数字を使用するなどの理由により、必ずしも貸借が一致するとは限らないのです。

<国際収支の構成図>

経常収支	・貿易収支 ・サービス収支 ・所得収支 ・経常移転収支
資本収支	・投資収支 ・その他資本収支
外貨準備増減	・外貨準備の増加と減少
誤差脱漏	・差額調整

81 経常収支とは

Q 国際収支は、主に経常収支と資本収支の２つに分けられます。経常収支は、具体的にどのような収支で構成されているのでしょうか？

A 経常収支は、経常勘定とも言われ、国際収支のうちモノとサービスの経常取引による収支のことです。具体的には、貿易収支、サービス収支、所得収支、経常移転収支の４つで構成されています。

＜解　説＞

　経常収支は、外国とのモノやサービスのやり取りを示した記録です。つまり、国と国との間でモノやサービスのやり取りが行われた結果生じた収支（収入と支出）のことで、国際収支の中心を占めるのが、この経常収支です。

　経常収支は、貿易収支、サービス収支、所得収支、経常移転収支の４つに分けられます。それぞれの内容は、以下の通りです。

1. 貿易収支

　貿易収支は、モノの輸出額と輸入額の差額を計上したものです。具体的には、輸出入業者が税関に報告したデータの統計、すなわち通関統計を基礎資料に計算します。

2. サービス収支

　サービス収支は、国と国との間でやり取りされたサービスの金額を計上したものです。具体的には、輸送や旅行、通信情報、ロイヤルティー、文化・興行など様々なものが該当します。なかでも日本の場

合は、輸送と旅行が大きな割合を占めています。

　輸送には、商品を送る際の費用、旅行者が移動する費用などが含まれます。旅行の場合はちょっと複雑で、現地（海外）での日本人の宿泊料はサービス支出に、反対に国内に外国人が宿泊した場合の宿泊料はサービス収入に入ります。

3.　所得収支

　所得収支には、雇用者報酬と投資収益があります。雇用者報酬とは、日本人が海外で勤務した場合に得た給料などの報酬です。一方、投資収益は、国際投資で生じる利子や配当金などで、「直接投資収益」、「証券投資収益」および「その他投資収益」に区分されます。

4.　経常移転収支

　経常移転収支は、ODA（政府開発援助）における医薬品の支給など、対価を伴わない取引の収支ことです。

<国際収支の記録ルール（複式簿記）>

		[貸方]	[借方]
経常収支	貿易収支 サービス収支 所得収支 経常移転収支	モノの輸出 サービスの輸出 雇用者報酬及び 収益の受取 無償援助の 受入れ	モノの輸入 サービスの輸入 雇用者報酬及び投資 投資収益の支払 無償援助の実施
資本収支		金融資産及び 不動産の減少	金融資産及び 不動産の増加
外貨準備増減		外貨準備の減少	外貨準備の増加
誤差脱漏		差額調整	差額調整

　なお、各収支は貸方から借方を差し引いたものと定義されます。

82 | 経常収支の内訳

Q 前のページの通り、経常収支は貿易、サービス、所得、経常移転の４つに分けられますが、それぞれ詳しく見ていきましょう。

A 貿易収支は、モノの輸出額と輸入額の差額を計上したもの、サービス収支は、国と国との間でやり取りされたサービスの金額を計上したもの、所得収支は、給料などの報酬や国債投資で生じた利子や配当金などを計上したもの、そして経常移転収支は、対価を伴わない取引による収支のことです。

＜解　説＞

1. 貿易収支

貿易は、モノ（商品）の輸出取引と輸入取引からなり、その差額が貿易収支として計上されます。輸出・輸入取引においては、モノの流れと逆方向に決済のためのカネが流れます。そのため、カネの受取を伴う輸出取引を貿易収支の受取と言い、カネの支払を伴う輸入取引を貿易収支の支払と言います。

＜貿易収支の推移＞　　（単位：億円、％）

	輸出額	輸入額	差し引き
2017 年	782,865	753,792	29,073
2018 年	814,788	827,033	△12,245
2019 年	769,317	785,995	△16,678

2. サービス収支

様々なサービスに係る対外的受払いが記録されますが、我が国の場

合、金額的に大きいのは輸送と旅行です。その他には、国際電話・国際郵便・国際宅配便などの通信、データベースへのアクセス料などの情報、建設工事・据付け工事代金などの建設、特許権・著作権・商標などのロイヤルティー、映画や音楽などの配給権使用料、演劇・音楽・スポーツなどの興行に係る報酬などの文化・興行があります。

3．所得収支

　経常収支に含まれる所得収支は、国内外で発生した賃金や利子などによる所得の差額を表したものです。雇用者報酬と投資収益があり、具体的な内容は、以下の通りです。

雇用者報酬：その国の居住者が非居住者労働者に支払う報酬と、その国の居住者である労働者が外国で働いて得た報酬の受取が計上されます。

投資収益：外国への投資による利子や配当金などの受取や支払が計上されます。投資収益は、投資の内容に応じて直接投資収益（投資家が海外にある企業に、直接的に投資を行うことで生じる所得、すなわち配当金や利子など）と、証券投資収益（投資した外国の会社（ただし海外子会社を除く）から受け取った配当金や国債などの中長期債の利子、それに金融市場商品や金融派生商品にかかる利子）があります。

4．経常移転収支

　経常移転収支には、対価を伴わない援助や無償の資金協力が計上されます。ここで言う対価とは、相手に財やサービスなどの便益を与えたことに対する報酬のことです。

　また、移転とは、居住者と非居住者の間で、いずれかが見返りを貰わずに実物資産や金融資産を受け渡すことを指します。たとえば、政府の食糧援助や医療援助、災害援助などの無償資金協力、慈善体などによる贈与の受取や支払などが計上されます。

83 資本収支と外貨準備増減

Q 国際収支表には、経常収支のほか、資本収支と外貨準備増減が記録されます。具体的に、どのような内容なのでしょうか？

A 資本収支とは、国と国の間で資金の貸し借りや投資が行われた結果生じた収支であり、外貨準備増減とは国が保有する対外支払い準備の増減を言います。

<解　説>

1. 資本収支とは

外国投資資金の貸し借りなどを表したものが資本収支で、投資収支とその他資本収支に分けられます。

（1）投資収支

投資収支は、投資の形態によって、直接投資、証券投資、金融派生商品に分類されます。直接投資とは、端的にいえば、会社の経営支配を目的とする投資です。具体的には、日本企業側の出資比率が10％以上の子会社に対する出資金や貸付金、債券投資などが計上されます。

証券投資には、株式と債券があります。さらに債券は中長期債と短期債に分かれます。中長期債とは、発行時から満期までの期間が1年を超える債券のことで、短期債はその期間が1年以内の債券、あるいはCP（コマーシャル・ペーパー）などの金融商品を指します。

また、金融派生商品（いわゆる、デリバティブ商品）には、先物取引やオプション取引などへの投資金額が計上されます。

（2）その他資本収支

特許権、著作権、商標権、販売権などのロイヤルティーが計上されます。

2. 外貨準備増減

　外貨準備とは、政府や中央銀行などの金融当局が外貨建ての資産や金（ゴールド）などの資産を保有することを言います。その理由は、対外債務の返済、輸入代金の決済のほか、為替相場の急激な変動を防ぎ、貿易などの国際取引を円滑にするためです。なお、外貨準備は、国民経済の貯金とも呼ばれています。

　外貨準備増減とは、外貨準備すなわち通貨当局が保有している外貨建て現金や預金、有価証券（国債など）、金（ゴールド）などの対外資産の増減を表示します。このとき気を付けなければいけないのは、表記方法が一見反対に思えることです。たとえば、外貨準備増減がマイナスなると、外貨準備が減少したように思われるかもしれませんが、逆で政府や中央銀行保有の対外資産が増えたことを意味します。

　つまり、政府や日本銀行が対外資産を増やすということは、対外資産の獲得のためにお金を外国に支払うことを意味し、このお金の支払に注目すると、外貨準備資産の増減の収支上は支払になるわけです。一方、政府や日本銀行が対外資産を減らすということは、対外資産を売却し、その売却代金としてお金を外国から受け取ることを意味するので、外貨準備資産増減の収支上は受取になります。

　このように外貨準備増減は、受取から支払を差し引いた額がプラスか、それともマイナスかを表すものであり、その符号がマイナスであれば、支払のほうが受取よりも多くなるので、外貨準備が増えていることを意味するのです。

　<外貨準備高ベスト６＞（単位:億米ドル:2019年12月末現在）

順位	国	外貨準備高	順位	国	外貨準備高
1	中国	32,224	4	ロシア	5,546
2	日本	13,222	5	サウジアラビア	5,154
3	スイス	8,547	6	米国	5,145

国際資本移動とは？

> **Q** 金融のグローバル化に伴い、国際的に資本の移動（国際資本移動）が盛んに行われています。どのような要因で、金融はグローバル化したのでしょうか？

> **A** グローバル化の要因には、世界各国の政府が自国への資金流入を意図的に緩めていることと、情報通信技術の革新があります。

＜解　説＞

1．金融グローバル化の進展

　共産主義に基づく経済が破綻したことを契機に、世界全体が市場経済へと移行しました。以来、先進国はもとより新興国でも、国際金融取引が急増し活発化しています。その背景には、金融のグローバル化があります。今や国境を越え世界各国間（先進国や新興国を問わず）で、縦横無尽に金融取引が行われています。

　グローバル化の要因には、各国の政府が自国への資金流入を意図して規制緩和を推進していることが1つ、もう1つは情報技術（IT）の急速な普及があります。なお、金融グローバル化は、主に国際資金移動と金融サービスの2つに分けて考えることができます。

2．国際資金移動

　国際資金移動とは、輸出入取引から成る経常取引および国際的な証券投資や銀行融資などによって、資金がグローバルに移動することを言います。特に、近年、新興国への証券投資や銀行融資が急激に増加しています。日本においても、金融緩和政策の下、行きどころのない資金が、欧米はもとより、東南アジアやアフリカ、中南米などに向け

て、積極的に投資されています。

3. 金融サービス

　国際資金移動に合わせて、国際間での銀行業や証券業などの金融
サービスの提供も進んでいます。その要因の一つが、サービス貿易の
自由化です。具体的には、金融や運輸、通信、流通、建設などの分野
で、国際取引が活発化しています。

　それを後押ししたのが、世界貿易機関（WTO）です。同機関が
GATS（サービス貿易一般協定）に基づいてサービス貿易の自由化を
進めてきたことが、追い風になりました。また、FTA（自由貿易協定）
を締結する国が増加したことも要因の１つです。

4. 活発化する国際資金移動

　当然のことながら、資金は高い収益を見込める国へ移動していきま
す。たとえば、北京オリンピックを控えた中国の株式が過剰に買われ
たのも、収益が見込めると踏んだ企業や投資家などによる資金移動に
よるものです。しかし、そうした投機的な要素を含んだ資金移動は、
たとえばオリンピックや万国博覧会などの大イベントが終わった時、
あるいは政治・経済の先行きに不透明感が出た時に、資金が一気に引
き上げられてしまう可能性があります。もちろん、そうした資金は、
条件が有利な別の国へと移動していくわけです。

　このように投機的な資金移動は、極めて流動的で不安定です。した
がって、各国政府は規制緩和を図る一方で、自国の金融システムに混
乱を来さないよう、様々なリスク管理を行う必要があります。

<新興国と先進国間の国際資金移動>

<アジア新興国>	<先進国>
経常収支黒字を先進国の安全資産で運用	アジア新興国の資金流入をリスク資産で運用

第8章

国際通貨制度と体制について

85 国際通貨制度とは？

Q 国際通貨制度とは、どのような制度でしょうか？また、かつてあった金本位制とは、どのような制度だったのでしょうか？

A 国際通貨制度とは、国際取引を円滑に行うための通貨に関する制度的な枠組みのことです。また、金本位制は、金の価値を裏付けとする通貨制度のことです。

＜解　説＞

　国際通貨制度というと、ちょっと縁遠い話のように感じられるかもしれませんが、実は貿易取引ができるだけでなく、我々が海外で自由に買い物ができるのも、この国際通貨制度のお蔭です。国際通貨制度は、かなり幅広い内容を含む概念ですが、大まかに定義すれば、国際間で行われる商品・サービスの貿易取引、資本取引の円滑な決済を可能にする制度的枠組みということができます。もう少し簡単に言えば、国を跨いでモノやサービスの購入や販売が行われる際に、その取引をスムースに行うための仕組みということです。

　制度的枠組みを支えているのは、国際間の公式・非公式のルールや慣行並びに慣習です。したがって、世界経済の構造的変革、経済思想の変化並びに世界の政治的・経済的力関係の変転を反映して、以下の通り歴史的な変貌を遂げて来ました。

　まず、19世紀末に国際金本位制（注1及び注2）が成立します。次いで、戦前戦中期の国際金為替本位制（注5）、戦後のブレトンウッズ体制（固定相場制）と推移し、1973年以降は変動相場制となっています。既に変動相場制になって50年近くになるため、仕組みなど様々な分野

で問題点が露呈していますが、今のところ「為替相場は市場に任せる」という基本に鑑みて、これ以上の制度は考えられないとされています。

金本位制	19世紀〜1920年代
固定相場制	IMF体制（1947年〜1971年） 1944年　　ブレトンウッズ協定⇒米ドルを基軸通貨とする固定相場制が確立 （米国が金と米ドルの交換を約束） 1オンス（28.35g：181ページ参照） ⇔35米ドル 1949年　　日本、1米ドル＝360円を設定 1960年代　米ドル危機⇒米国の貿易赤字拡大により、大量の金が流出し、米ドルに対する不安が増幅
変動相場制	1971年　　金と米ドルの交換停止(ニクソン・ショック)⇒IMF体制崩壊
スミソニアン体制（一時的に固定相場制に復帰）	
変動相場制	1973年　　変動相場制に移行⇒1976年のキングストン合意で正式承認

（注1）金本位制：金の価値を裏付けとする通貨制度です。金貨を流通させる金貨本位制と兌換（だかん：交換の意）の請求に金地金（注3）で応じる金地金本位制（注4）の2種類があります。
（注2）国際金本位制：国際間での金本位制です。
（注3）金地金：地金（じがね、じきん）とは、金属を固めたもので、金地金とは金塊のことです。
（注4）金地金本位制：国内では金貨を流通させず、通貨当局が金を集中保有し、国際的な流通手段、支払に用いる制度です。兌換の請求には金地金で応じたことから、この名が付きました。
（注5）国際金為替本位制：金本位制が変形した制度で、金本位制を行っている外貨と自国通貨を一定の割合で交換できるという制度です。外貨が金為替（金と交換できる為替）の役割を果たし、これを通じて間接的に金との兌換が行われているとの考え方から、このように呼ばれました。

86 国際通貨制度の機能

Q 国際通貨制度の機能として必要なのは、流動性（LIQUIDI-TY）、信認（CONFIDENCE）、そして調整（ADJUSTMENT）の３つです。それぞれどのような機能でしょうか？

A 流動性とは通貨の需給が円滑に行われること、信認とは国際的な信頼があること、そして調整とは国際収支不均衡などが生じた場合に、それを調節する機能があることです。

＜解　説＞

1. 国際通貨制度の機能

国際通貨制度には、次の３つの機能が不可欠です。

「流動性」とは、国際間の各種経済取引の決済手段として一般的に利用されるとともに、将来の対外決済のための準備として保有されることです。そのような流動資産である国際通貨が、世界経済の順調な発展を可能にします。

「信認」とは、文字通り信じて認めることです。国際決済手段や準備資産の供給は、主としてその時々の中心的国際通貨によってなされます。その際、「必要な量が確保されていること」と「価値の安定について、国際的な信頼が維持されていること」が要件になります。

「調整」とは、国際収支不均衡が生じた場合にそれを調整するメカニズム、あるいは是正措置を発動する制度的枠組みのことです。

これらの３つの機能は相互に密接に関連し合っています。たとえば、厳格な調整メカニズムを持つ制度の下では、流動性の必要量は相対的に少なくなるし、一方で過剰に流動性が供給されれば、準備資産の価

値の安定への信認が崩れます。調整メカニズムが十分に働かない制度の下では準備資産の価値が不安定となり、ひいては制度全体への信認が動揺することにもなりかねないのです。

2. 国際通貨

国際通貨とは、国際決済・準備資産として使用される通貨のことで、現在、米ドルやユーロ、日本円などの先進諸国通貨のほか、中国元（実態的には未熟ですが）など一部の新興国の通貨も、その特性を持っています。

<通貨の世界シェアの現況（2018年）>

1	米ドル	44%	4	英ポンド	6%
2	ユーロ	16%	5	オーストラリアドル	4%
3	日本円	11%	6	スイスフラン	3%

注：世界第2位の経済大国である中国元は、1%のシェアにとどまっています。

3. 基軸通貨

基軸通貨とは、数ある国際通貨の中で中心的で支配的な地位を占め、それぞれの時代の金融・為替システム運営の要となる通貨のことです。第一次世界大戦以前は、英ポンドが基軸通貨でしたが、その地位は米国経済の発展に伴い、徐々に英ポンドから米ドルに移り、第二次世界大戦後は米ドルが基軸通貨になりました。さらに20世紀末にユーロが創設され、好調な欧州経済を背景に、この20年で国際通貨に成長しました。現在は、米ドルと共に二大基軸通貨となっています。

歴史が証明するとおり、基軸通貨となったのはそれぞれの時代で卓説した経済力を持ち、世界経済の運営に指導的役割を果たしていた国の通貨です。つまり、基軸通貨となるためには、経済力に加えて、その時代の覇権国家たる政治力が不可欠なのです。

87 国際通貨制度の変遷

Q 国際通貨制度は、金本位制に始まり、ブレトンウッズ体制、スミソニアン体制、プラザ合意などを経て現在に至っています。プラザ合意とは、何を合意したのでしょうか？

A 1985年に日米独英仏の先進5カ国（G5）が、米国ニューヨークのプラザホテルで米ドル高是正に協調して動いていくことに合意しました。この合意によって、日本経済の転換点となる急激な円高が進行することになりました。

＜解　説＞

1．国際金本位制から固定相場制へ

　現在、採用されている国際通貨制度は、1978年に発効したキングストン合意を基本にしたものですが、それ以前から国際通貨制度は存在していました。最初は国際金本位制で、1870年代後半から1914年の間、国際金融取引の規範とされました。そして、その後登場するのが国際金為替本位制で、さらに1945年にブレトンウッズ体制に移行します。これは、主に戦後の各国の復興を意図して作られた固定相場制を基本とした体制です。

　その後、しばらくの間、固定相場制は順調に推移します。しかし、敗戦国が戦後復興を遂げるなど、世界の経済状況が大きく変わる1960年代後半になると、現状に合わなくなってきました。そして1971年、ニクソン・ショックが世界を震撼させることになるわけです。

　ニクソン・ショックとは、当時のニクソン米大統領が突如、米ドルと金との交換停止を宣言したために世界経済が受けた衝撃のことで、

この宣言によって約30年間続いたブレトンウッズ体制は終了し、変動相場制時代へと突入しました。なぜ、突然宣言したのかというと、ベトナム戦争による多額の出費が大幅な財政赤字を生み、貿易収支も赤字になるなど、国際収支が一気に悪化したからです。つまり、金(ゴールド)の準備量をはるかに超える多額の米ドル紙幣の発行を余儀なくされたため、米国は金との兌換を保証できなくなってしまったのです。

2. 変動相場制へ

　それに代わって登場したのが、スミソニアン体制です。ワシントンDCにあるスミソニアン博物館での会議で合意したスミソニアン協定をもとに確立した体制で、おもに米ドルの切下げ(金価格の引上げ)と各国通貨の調整(米ドルに対して切上げ)、為替変動幅を従来の平価の上下1%から暫定的に2.25%に拡大することなどが決められました。しかし、その後も米ドルに対する信認は容易には回復しなかったため、主要国は米ドルとの固定相場関係を放棄し、次々に変動相場制に移行していきました。これをキングストン体制と言います。

　そして、1985年のプラザ合意や1987年のルーブル合意、欧州の通貨統合(ユーロ誕生)を経て、国際通貨制度は現在に至っています。

<国際通貨制度の変遷>

1870～1914年	国際金本位制
1914～1925年頃	国際金為替本位制
1944年～	ブレトンウッズ体制(金ドル本位制)
1971年8月	ニクソン・ショック(米国、金と米ドルの交換を停止)スミソニアン体制
1973年	主要国が変動相場制度へ移行
1978年	キングストン合意(体制)
1985年	プラザ合意
1987年	ルーブル合意
1979～1998年	欧州通貨制度(EMS)に基づきECU(エキュー:ユーロ以前の欧州通貨単位)を導入
1999年	EU11ヶ国で単一通貨ユーロを導入

88 金本位制とは？

Q 金本位制とは、金（キン、ゴールド）を基準とする貨幣制度のことです。金には３つのタイプがありますが、ご存じですか？

A 金貨、金地金、金為替の３つです。金貨は金を主な成分として作った貨幣のこと、金地金とは金塊のことです。そして、金為替とは金に交換可能な外国為替のことを言います。

＜解　説＞

1. 金本位制とは

文字通り金（ゴールド）を基準とした通貨制度のことです。一見、最もベーシックな通貨制度と思えますが、実は最初に覇権を握った英国がとったのは銀本位制でした。

英国で最も古い通貨は、775年頃にサクソン王朝で造られた銀貨です。当時は、1ポンドの銀から240枚の貨幣を造り、その銀貨をペニーと呼びました。ただし、1ポンド自体の重さが地域や時代によってバラバラだったこともあり、実際には、銀1ポンドといっても、その重さには結構バラつきがありました。当然、それに目をつける不届き者が現われます。たとえば、貨幣を削ってお金に換えようとする者、純度が低い銀で同じような貨幣を造る者などが現れました。

こうして、いつの間にか「市場に出回る通貨は質の悪いものばかり」といった状況が危惧されるようになったのです。これがグレシャム（1519年〜1579年：英国の貿易商、英王室の財政顧問も務めた）の言う「悪貨は良貨を駆逐する」という状態です。このグレシャムの提言を受け、貨幣に含む銀の量を厳正に守らせることにしたのが、大英帝

国の礎を築いたと言われるエリザベス1世（1533年〜1603年）です。

　その後、銀（シルバー）だけでなく、金も貨幣に用いられるようになりますが、鋳造するだけの量を確保するのが難しいこともあって、急激に普及することはありませんでした。結局、本格的に金本位制に移行するのは、1816年の貨幣法の発布からです。

2．金本位制の国際化への流れ

　18世紀から19世紀にかけて起こった産業革命によって、生産性が著しく向上し、世界貿易が一気に拡大します。この流れの中で金本位制の国際化も進展します。しかし、正式な話し合いの場で合意したわけではなく、19世紀に主要国が金を通貨価格の基準とした通貨制度を確立したことをもって、世界的な金本位制はできあがったのです。

　最初に金本位制を確立した英国が1816年に貨幣法の発布により、それまでの金銀複本位制から金本位制に移行します。それを皮切りにドイツが1871年に、フランスが1876年に移行します。また、米国は1873年に、日本とロシアも1897年に金本位制に移行しました。かくして、国際金本位制は1870年後半から第一次世界大戦が勃発する1914年まで、国際通貨制度としての役割を果たすことになります。

　このように最初の国際通貨制度は、19世紀前半から約80年かけて、主要国が金をベースとする通貨制度を採り入れることで、自然発生的に形成されました。その基本的要件は、中央銀行の金への無制限兌換の保証や国際間の自由な金輸出入の承認などです。

<グレシャムの法則>

　たとえば、同じ直径ですが、金の含有量が多い金貨と、金の含有量が少ない金貨が、同じ時期に同じ額面で流通したとします。もちろん、どちらも国や有力機関が保証した金貨なので、額面価値は同じです。そうなると、多くの人が前者を手元に置おき、後者を日々の支払い用いるというのが、グレシャムの法則です。
　理由は、両者の価値が同等なら、人々は実質的に価値が高く、有事の際の物々交換に有利な良貨を手元に残すと考えられるからです。

89 国際金為替本位制

Q 金本位制は、あくまでも国内の通貨制度ですが、20世紀初頭世界に拡大し、国際金本位制に発展しました。さらに国際金為替本位制も導入されましたが、どんな制度だったのでしょうか？

A 国際金為替本位制とは、金本位制を行っている外貨と自国通貨を一定の割合で交換できる制度で、金本位制の変形と言えます。

<解　説>

1. 第一次世界大戦で金本位制が停止

　前ページで説明した通り、主要国が金本位制を導入したことで、事実上、国際的な金本位制は確立しました。しかし、1914年に第一次世界大戦が勃発すると、国際金本位体制はその機能を停止せざるを得なくなります。戦争によって金の海上輸送が難しくなったこと、各国が金を自国から持ち出さない方針をとったことが影響しました。

　1918年、ようやく第一次世界大戦は終結しますが、戦火を交えた国はどこも、戦争で物資が極端に不足したためインフレが一気に進みました。通貨価値の大幅な下落、物価の急騰を是正するため、まずは物資の供給と為替相場の安定が重要課題となりました。

　そうした背景から、各国が一時中断していた金本位制の復活に向けて努力を始め、いち早く金本位制を復活させたのが米国でした。戦争が終結した翌年、1919年に米国が最初に金輸出を再開します。そして、1925年には英国が金地金本位制を、3年後にはフランスが、その他の先進国も徐々に金本位制を再導入しました。こうして1925年に英ポンドと米ドルの固定相場関係が回復したことをきっかけに、再び国際

的な金本位制が機能するようになったのです。

2. 国際金為替本位制への移行

　ただし第一次世界大戦後に金本位制を再導入したほとんどの国が、金不足を解消するため、金とは別に金と交換性を持つ外貨（金為替）を保有するようになります。つまり、戦前の金本位制とは異なる、国際金為替本位制をとったのです。それを定義すると、「各国間で金と金為替（金と交換できる外貨）を交換できる制度」となります。

　問題は、この体制下において、従来の英ポンドと米ドルに加え、仏フランも準基軸通貨としての機能を目指したことでした。つまり、複数の基軸通貨体制の確立を模索したことが、結果的に為替市場を不安定な状態にしてしまったのです。特に影響を与えたのが英国で、戦争による国力消耗を十分に考慮しないまま金本位制に復帰したことが、結果的に崩壊を招く原因になりました。

＜国際金為替本位制の運営方法＞

> 国内では、本位貨幣として金貨を発行せずに、金為替によって兌換（だかん）を行い、この金為替を金本位制や金地金本位制を採用している国の通貨に結びつけることによって、国内通貨と金との間に間接的な等価関係を維持したものです。

3. 国際金為替本位制の崩壊

　1929年に発生したニューヨーク株式市場の大暴落をきっかけに、世界経済は大不況に見舞われます。その影響で、1931年にまず英国が金本位制を停止し、米国も1933年に停止に追い込まれました。もちろん、その余波は多くの国に及びました。

　一方で、フランス、スイス、ベルギー、オランダ、イタリア、ルクセンブルクは、何とか金本位制を維持しようとしますが、世界的不況に抗うことはできませんでした。こうして国際金為替本位制は崩壊し、世界は第二次大戦への道を辿ることになっていったのです。

90 ブレトンウッズ体制

Q 国際金為替本位制に続き国際通貨体制となったのが、ブレトンウッズ体制です。このブレトンウッズ体制とは、どのような仕組みだったのでしょうか？

A 世界の金準備の約80％を保有する米国を中心にした金ドル本位制のことで、世界経済の拡大を通貨及び金融面から支援するのが目的です。このとき、新たに国際通貨基金（IMF）と国際復興開発銀行（IBRD）が創設されました。

<解　説>

1. ブレトンウッズ体制とは

　1944年、連合国44ヶ国による連合国通貨金融会議において、米ドルを軸とした固定相場制の確立と国際通貨基金（IMF）の創設を中核とする新たな国際通貨体制が誕生しました。これがブレトンウッズ体制で、ブレトンウッズとは、会合が開かれた米国ニューーハンプシャー州北部に位置する町の名前です。この時に設立されたIMFが枢要な役割を演じることから、IMF体制と呼ばれることもあります。

　主な内容は、IMFと 国際復興開発銀行（IBRD）の設立と米ドルを軸とした固定相場制の確立です。こうして第二次世界大戦後の国際通貨体制は整備されましたが、その仕組みは米ドルを世界の基軸通貨とし、金（ゴールド）の仲介役として各国の通貨価値と連動させるというものでした。つまり、金と交換できる通貨は米ドルだけという特殊な仕組みでしたが、一種の国際金為替本位制であることに変わりはないという理由で承認されました。具体的な交換比率ですが、「金と

米ドルの交換比率：金1オンス（約28.35 g）に対し35米ドル」「為替相場の変動幅：平価（注）の上下1%以内」とされました。

　（注）平価（へいか）：ある国の通貨の対外価値を示す基準値で、この時の日本円の平価は、1米ドル＝360円と定められました。

　結果的に、この体制が1971年のニクソン・ショックまで約30年間続くこととなります。なぜ、このブレトンウッズ体制がうまくいったかというと、戦争によって混乱した世界経済を立て直し、新しい秩序を形成しようという機運が高まっていたことが1つ。もう1つは、米国のホワイト財務長官補佐官と英国の政府代表を中心とする交渉当事者らの熱意が大きく後押ししたと言われています。

2．IMFの基本理念

　IMF創設の基本理念は、国際金融関係における各国の自国本位の政策運営を改め、国際金融協力を促進することであり、そのために行われたのがルール作りと、それを運用する基盤整備でした。そこには、「為替の安定」「秩序ある為替の取決め」「競争的為替切り下げの回避、並びに自由で多角的な国際決済」の3つの行動規範が示されています。

　まずは、こうした目的に沿った国際協定に基づくルールが作られ、それに基づいて加盟国を監視・支援する恒久的国際機関としてIMFが創設されたというわけです。

<IMF出資割合上位10カ国と議決権割合（2018年）>

	国	出資割合	議決権割合		国	出資割合	議決権割合
1	米国	17.46	16.52	6	フランス	4.24	4.03
2	日本	6.48	6.15	7	イタリア	3.17	3.02
3	中国	6.41	6.09	8	インド	2.76	2.64
4	ドイツ	5.60	5.32	9	ロシア	2.71	2.59
5	英国	4.24	4.03	10	ブラジル	2.32	2.22

91 ニクソン・ショックと スミソニアン体制

Q 1971 年に米国が発表した金（ゴールド）と米ドルの交換
停止及び、それに伴う経済の混乱をニクソン・ショックと言いま
す。なぜ、ニクソン・ショックは起こったのでしょうか？

A ベトナム戦争による軍事費の高騰によって財政が悪化したこ
とと、海外から輸入商品が急増し、貿易収支が赤字になったこと
で、金が国外に流出し米ドルの価値が低下したためです。

＜解　説＞

1．ニクソン・ショック

　世界の国際通貨制度がブレトンウッズ体制によって動き始めた最初
の 20 年ほどはうまくいき、世界経済も戦後復興を遂げ繁栄の道を辿
りました。しかし、1960 年代後半になると、基軸通貨である米ドル
の通貨基盤が弱体化し、制度全体が不安定になりました。

　なぜ、米ドルが弱くなったかというと、端的に言えば、米国の景気
不安が出始めたからです。それには、次のような原因が考えられます。
1 つは、世界経済の復興により、米国以外の国からでも多種多様な商
品を大量に仕入れられるようになったため、米国の貿易黒字が縮小し
たことです。もう 1 つは、朝鮮戦争などによって海外軍事支出が増大
してことです。こうした負の要因が重層的に重なったことによって、
1950 年代から徐々に米国の経済状態は悪化していきました。

　さらに、ベトナム戦争（1959〜75 年）への介入や企業の多国籍化
による国際収支の悪化などが追い打ちをかけました。そして、ついに
米国の対外短期債務（米ドル残高）が金の保有額を大きく上回り、金

兌換（金との引き換え）への不安が現実のものとなったのです。

　これを受けて1971年8月、当時のニクソン米大統領が突如、米ドルと金との交換停止を発表します。この発表が、突然かつ一方的な通告だったことから「ニクソン・ショック」と呼ばれるようになったのです。

2. スミソニアン体制

　米ドルと金の交換が停止されれば、当然、それを前提にした固定相場制は拠り所を失います。それでもなお固定相場制を維持したいと考えた主要国の通貨当局は、新たな仕組みづくりに乗り出しました。こうして同年12月、ワシントンのスミソニアン博物館で開催された10ヶ国蔵相会議で、国際通貨に関する一連の措置について合意をみます。これをスミソニアン体制といいます。

　10ヶ国とは、1962年にIMF（国際通貨基金）のGAB（一般借入取り決め）への参加に同意した米国、英国、ドイツ、日本、フランス、イタリア、オランダ、ベルギー、スウェーデン、カナダのことです。

　これにより、平価（一国の通貨の対外価値を示す基準値）に対する為替変動幅が上下1%から暫定的に2.25%に拡大されるとともに、米ドルの切下げ（金価格の引上げ）などが決定されました。日本円も、米ドルに対して16.88%切り上げられ、1米ドル＝308円とされました。

　しかし、一向に米ドルに対する信認は回復せず、欧州や日本は絶えず為替市場で大量の米ドル買いの介入を余儀なくされました。そして、ついに1973年、変動相場制へと移行することになったのです。

＜スミソニアン協定の内容＞

1. 米ドルと金との固定交換レートの引き上げ 　　（金1オンス＝35米ドル → 38米ドル） 2. 米ドルと各国通貨との交換レートの改定 　　（日本円は、1米ドル＝360円 → 308円、16.88%切り上げ） 3. 為替変動幅の拡大（為替平価の上下1% → 2.25%） 4. 米国の輸入課徴金の即時撤廃

92 固定相場制とは？

Q 固定相場制は、政府が強力に為替市場に介入することによっ
て、外国為替相場を固定、または極めて狭い変動幅に制限する為
替制度ですが、ここで言う介入とは、どういうことでしょうか？

A 介入とは、政府や公的機関が外国為替相場の安定を目的に、
外国為替市場に出動して為替の売買操作を行うことです。日本で
は、日本銀行が外国為替資金特別会計により操作しています。

<解　説>

1. 固定相場制とは

　第二次世界大戦中から戦後にかけて確立されたブレトンウッズ体制
により、それまでの各種の金本位制から初めて米ドルを軸とした固定
相場制が確立しました。これは、一つのあるいは複数の基準通貨に対
して為替相場を一定に維持する制度で、日本円が1米ドル＝360円に
固定されたのも、ブレトンウッズ体制によるものです。

　固定相場制の場合、通貨当局（中央銀行など）は為替相場が一定に
なるように為替介入（外国為替市場で外国為替を売買）する必要があ
ります。たとえば、目標設定が1米ドル＝100円の場合、100円を超
えた時は一定量の米ドルを売り、100円を下回った時は一定量の米ド
ルを買うことで、極力、目標値（100円）に近づくように調節します。

2. 固定相場のメリット・デメリット

　固定相場制には、為替変動のリスクを軽減し、貿易を円滑に行うこ
とができるというメリットがあるため、多くの経済新興国が採用して
います。たとえば、香港は米ドルと連動する米ドル・ペッグ制 (注1)

をとり、香港ドルを為替として採用しています。貿易などの国際取引が活発に行われる通貨に連動させておけば、為替変動のリスクが軽減され、輸出競争力を確保しやすくなるという理由からです。

　ただし一方で、自国の為替相場を維持するためには、相手国の金利水準にある程度合わせなくてはならないというデメリットがあります。仮に米ドルと連動している国の場合、米国が政策金利を引き上げれば、自国の景気動向がどうあれ、政策金利を引き上げる必要に迫られます。つまり、たとえ景気が悪化していても、政策金利を引き下げることができないというジレンマを抱えることになるのです。

　それだけではありません。もし米国の政策金利と見合わない低い金利水準のままにしておくとどうなるでしょうか。その場合、資金が自国から米国に流出し、大量の米ドル買い／自国通貨売りが発生します。そうなれば、自国通貨は間違いなく暴落し、それを引き金に景気後退やハイパーインフレ（注2）を招きかねません。

　このように固定相場制には、為替の変動リスク軽減というメリットがある反面、政策面で制約が生じるというデメリットがあります。

　（注1）米ドル・ペッグ制：米ドルとの連動を図る固定相場制です。
　（注2）ハイパーインフレ（HYPER　INFLATION）：通貨価値の暴落などによって、物価が急激かつ極度に上昇する現象です。

＜米ドル・ペッグ制を採用している通貨＞

中国元：事実上のドルペッグ制。2005年に管理変動相場制に移行して以来、徐々に緩くなってきています。
香港ドル：一定範囲内での変動を認めています。
エルサルバドル・コロン、パナマ・バルボア（硬貨のみ）、中東産油国（クウェートは2007年5月に撤退）
なお、マカオ・パタカは香港ドルとのペッグ制を採用しており、実質的には米ドルペッグ制を採用している状態です。

93　変動相場制とは？

Q 変動相場制が世界で初めて正式に認知されたのは、1978
年のキングストン体制です。どんな体制だったのでしょうか？

A 従来の固定相場制が維持できなくなったため、変動相場制を
含め、各国が自由に自国の為替制度を選択できることなどを取り
決めたのがキングストン体制です。

<解　説>

1．固定相場制から変動相場制に

　1971年のニクソン・ショックにより、米ドルと金の交換が停止さ
れると、それを前提としたブレトンウッズ体制による固定相場制は、
拠り所を失ってしまいました。それでも固定相場制を維持したいと考
えた主要国の通貨当局は、新たにスミソニアン体制を構築し、固定相
場制を堅持しようとしましたが、わずか2年しか持ちませんでした。
欧州や日本が絶えず為替市場において大量の米ドル買い介入を行って
も、米ドルに対する信認が回復しなかったことが主な要因です。

　こうして1973年、変動相場制への検討が始まり、2年後の1975年、
ジャマイカのキングストンにおいて、変動相場制を含め、各国が自由
に自国の為替制度を選べるようにすることで合意しました。この

<キングストン合意の概要>

【成立・発効】1976年、1978年 【内容】 　①変動相場制への移行を承認する 　② SDR を金にかわる中心的な準備資産とする 　③金の公定価格を廃止して、金と米ドルを分離する

IMF暫定委員会での合意をキングストン合意と言い、変動相場制を含め、各国が自由に為替制度を選択できること、金の廃貨（貨幣としての機能停止）などが決定されたのです。

2. 変動相場制とは

　変動相場制とは、固定相場制のように、通貨の交換比率である為替相場を人為的に固定せず、基本的に外国為替市場の需要と供給の関係に任せる制度です。現在、多くの国において、この変動相場制に基づく為替相場で取引が行われています。

　変動相場制のメリットは、自国の経済状況に合わせた金融政策が取れることです。たとえば、政策金利を行う際、固定相場制を採用している国では、自国通貨と連動している通貨を発行している国の金利水準に、ある程度合わせておく必要があります。しかし、変動相場制であれば、その必要はありません。

　その一方で、変動相場制を採用するデメリットもあります。1つは、自国の為替相場の動きを外国為替市場の動きに任せることになるため、常に自国の企業は為替変動リスクに悩ませられるということです。そのため、変動相場制を採用している国でも、自国の経済状況に悪影響を及ぼすほど自国通貨の相場が変動した場合には、通貨当局が意図的に為替介入を行い、為替相場を調整することがあります。

　また、どの国でも自国の経済状況と照らし合わせて、為替相場が好ましくない水準にある場合は、程度の差はあっても、こうした為替介入を行っています。その場合、こうした行為は、自国通貨を自国の都合のよいように人為的かつ恣意的に操作していることになるので、国際的な非難を浴びることも少なくありません。

　いずれにしても、各国に自由な介入が認められるとすれば、変動相場制の国際的意義は薄れてしまいます。あくまでも市場の需給関係に任せることが、各国に課せられた基本原則ということです。

94 プラザ合意とその後の金融秩序

> **Q** 現在でも新聞紙上などで、よくプラザ合意という言葉を見かけます。どのような出来事で、どのような内容なのでしょうか？

> **A** 1985 年に日米独英仏の G5（先進 5 か国）が協調して米ドル高是正に動いたことを指します。協議の場となった米国ニューヨークのプラザホテルに因んでそう呼ばれています。

＜解　説＞

1. プラザ合意とは

　プラザ合意とは、1985 年に米国ニューヨークのプラザホテルで開かれた G5（先進 5 ヶ国財務相・中央銀行総裁会議）でまとめられた合意のことです。G5 とは、日本、米国、ドイツ、英国、フランスを指し、主な目的は高くなりすぎた米ドルの為替相場の調整でした。

　固定相場制から変動相場制へ移行したキングストン合意以降、各国の通貨当局は本来の需要と供給の関係からみてふさわしい為替水準に落ち着いてくれるのではないかと期待していました。ところが、実際には、世界経済が拡大するにつれ、為替相場が必ずしも需要と供給の関係を正しく反映しないことが明らかになったのです。

　また、1980 年代前半に米国のレーガン大統領が行ったレーガノミックス（注）も大きな影響を与えました。経常収支が赤字にもかかわらず高金利を維持したため、外国資本が米国金融市場に流入し続け、米ドル高が続いた結果、為替相場の乱高下や継続的な対外不均衡といった問題が表出することになったのです。

　その後も、こうした問題が指摘されるたびに主要国は話し合いを重

ねました。そして 1985 年、遂に G5 の財務相と中央銀行総裁は、米ドルの為替相場をある程度経済のファンダメンタルズに見合った水準まで下げるように、相互協力することで合意したのです。

　(注)「強いアメリカ」を標榜したレーガン大統領の政策で、大幅な減税、規制緩和、軍事支出の増加などが行われました。

＜プラザ合意の概要＞

> 基軸通貨である米ドルに対して、参加各国の主要通貨を一律 10～12%幅で切り上げる。そのための方法として、参加各国は外国為替市場で協調介入を行う。
> 【主なポイント】
> ・主要通貨は、米ドルに対して秩序ある上昇が望ましい
> ・為替相場は、対外不均衡調整のための役割を果たす必要がある
> ・G5 各国は、そうした調整を促進するために一層緊密に協力する用意がある

2. 常に世界は金融秩序を意識

　プラザ合意が締結された 1985 年、G5 の通貨当局は、協調して大規模な米ドル売り介入を行いました。その結果、円相場は、1 年で 1 米ドル＝240 円台から 150 円台に上昇しました。こうした国際的な合意に基づく行動により、「ファンダメンタルズにそぐわない米ドル高を抑制する」というプラザ合意の目的は、一応の達成されたと言えます。

　しかし、これですべてが終わったわけではありません。プラザ合意の目的を果たしたとの実感が各国に広がると、今度は各国の財務相と中央銀行総裁のテーマは為替相場の安定へと移行しました。そして 1987 年、G5 にイタリアとカナダを加えた G7 の財務相・中央銀行総裁の話し合いにより、為替相場を現状水準に安定させる目的で介入を行うという合意がなされました。パリのルーブル宮殿で話し合いが行われたことから、ルーブル合意と呼ばれています。

　このように各国政府は、常に金融秩序を意識し、秩序が崩れそうになるたびに、協調介入を行うことで秩序を保ってきたのです。

95 G7、そして G20

＜解　説＞

1.「G」とは

　世界経済や国際金融のニュースを見ていると、頻繁に G7 や G20 と
いう用語がでてきます。これはご存じの通り、主要国や地域の財務相・
中央銀行総裁が参加する国際会議のことですが、ほかにも G8 や G ゼ
ロ、G2、G5 といった用語も散見されます。以下、それぞれの歴史に
ついて概観しましょう。

2. G5

　正式名称は、グループ・オブ・ファイブ（GROUP OF FIVE）で、
構成国は日本、米国、英国、ドイツ、フランスの主要先進国5カ国で
す。1973 年にケニア共和国のナイロビで開かれた IMF 総会を起源に、
1985 年のプラザ合意まで、このメンバーで開催され、「先進5カ国財
務相・中央銀行総裁会議」と呼ばれました。同会議は、国際通貨制度
の方針や突発的な経済危機・通貨危機などが起きた場合に開催される
もので、その目的は①世界経済の持続的成長を図る、②為替相場の安
定を図る、③経常収支の対外不均衡を是正する、④各国による協調し
た経済政策を実施する、⑤長引くデフレを克服する、⑥極度なインフ
レを抑えることなどです。

3．G7 と G8

　1986 年の東京での主要国首脳会議（サミット）の際に、上記の 5 カ国にイタリアとカナダの 2 カ国を加え、国際通貨問題などを討議したことを契機に、G7 が誕生しました。さらに 1994 年からロシアが参加したため、1998 年の英国バーミンガムでのサミット以降は、正式に G8 と呼ばれるようになりました。しかし、2014 年のウクライナ問題を契機にロシアは外され、現在は再び G7 になっています。

4．G20

　新興国の著しい経済成長を受け、1990 年代後半には、もはや G7 や G8 だけでは世界経済が直面する課題に対処しきれなくなりました。そこで G8 に経済規模が大きいアルゼンチン、オーストラリア、ブラジル、中国、インド、インドネシア、メキシコ、サウジアラビア、南アフリカ、韓国、トルコ、そして欧州連合（EU）議長国の計 12 カ国・地域を加えた G20 が、1999 年に開催されることになったのです。

＜主要国による国際的枠組み＞

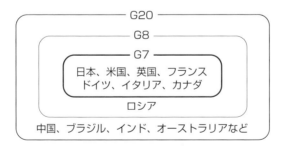

　しかし、米国トランプ大統領の誕生以降、大国の首脳達が自国第一主義や保護貿易主義を主張する傾向が強まっています。まさにリーダーシップの空白が、G ゼロの世界に足を踏み入れつつあると言っても過言ではない状況です。また、世界の政治・経済が 2 つの超大国、すなわち米国と中国の G2 を中心に動くことになるかもしれません。

96 中央銀行とは？

Q 日銀や欧州中央銀行は、一目で国や地域の金融の中枢機関だと分かりますが、なぜ米国の中央銀行は連邦準備制度理事会（FRB）という名前なのでしょうか？

A 米国は、地方分権を重んずるステート（州）が集まった連邦国家のため、中央銀行に対する警戒心が強く、アメリカ合衆国銀行を設立することができませんでした。そこで地域ごとに民間銀行を作り、その頂点にまとめ役として FRB を設置しました。

＜解　説＞

1．中央銀行とは

　中央銀行とは、国の金融機関の中枢機関で、発券銀行、銀行の銀行、政府の銀行という3つの重要な役割を担っています。もう少し具体的に言うと、その国の紙幣を発行したり、民間の銀行が資金不足に陥った時に救済することにより、物価の安定を図ります。また、中央銀行は、安心してお金を使えるように、高い技術と厳しい管理の下で偽札を防止し、お金の発行と吸収を行ったり、金融機関の倒産や経済活動の停滞などに対して臨機応変にお金の調節を行ったりしています。

　モノやサービスの値段、つまり物価を安定させて、お金の価値を守る役割も担っています。モノの値段が上がってしまうことは、お金の価値が低下することです。このような事態を招かないように物価の安定に注力しています。中央銀行には、日本銀行（日銀：BOJ）や米連邦準備制度理事会（FRB）、ユーロ圏の欧州中央銀行（ECB）、英国のイングランド銀行、スイスのスイス国立銀行などがあります。

2. FRB の生い立ち

　何故、米国だけがアメリカ合衆国銀行ではなく FRB という名称な
のでしょうか？それは、米国の誕生までさかのぼります。米国は、英
国の植民地だった 13 の地区がそれぞれ国家として独立し、それがま
とまって国になりました。つまり、あくまでも連邦国家のため中央集
権に違和感を持つ人が多く、中央銀行についても設立することができ
なかったのです。ちなみに米国には、今でも各州に独自の軍隊がある
し、独自の法律（州法）や独自の最高裁判所もあります。

　その代役となったのが、全米各地に設立した民間銀行で、それぞれ
が独自に紙幣を発行していました。しかし、個々の民間銀行の経営状
態は様々だったため、どこかの銀行が倒産すれば、各地で取り付け騒
ぎが起きかねません。そこで、全米の民間銀行が資金を出し合い、不
幸にして倒産した時に救済してくれる資金を準備しておく銀行、つま
り連邦準備銀行を各地に設立することになったのです。

12 行ある連邦準備銀行の１つ、ニューヨーク連邦
準備銀行（英語：Federal Reserve Bank of New
York）の紋章。連邦準備制度の第２地区を管轄し
ている

　元来、米国は中央集権を嫌うお国柄です。そのため最初は、全米に
12 の連邦準備銀行を設立することになりました。当時は鉄道の時代、
資金不足に陥り倒産しそうになった民間銀行の担当者が、救済を求め
て鉄道で１日以内に駆けつけられる場所を選んだためです。しかし、
12 の連邦準備銀行が数州に跨る銀行を管轄するのには無理がある、
やはり全体を統括する組織が必要だということで、1913 年に連邦準
備法が制定されました。こうして、統括的に管理運営する組織として
連邦準備制度理事会（FRB）が設立されたのです。

第9章

法制度と諸規制について

97 外国為替及び外国貿易法（外為法）

Q 1949 年に制定された外為法は、正式には「外国為替及び外国貿易法」と言います。どのような法律なのでしょうか？

A 日本と外国との間における貿易取引や貿易外取引、資本取引など、対外取引等に関して規定した法律です。

＜解　説＞

1．外国為替及び外国貿易法（いわゆる「外為法」）とは

　　資金の移動としての外国為替と、その原因となる取引を包括的に管理する対外取引の基本的法律です。1949 年（昭和 24 年）に「外国為替及び外国貿易管理法」として制定され、その後数度の部分的改正を経て、1979 年（昭和 54 年）に基本的な考え方が「原則禁止」から「原則自由」に変更する改正が行われました。さらに 1998 年（平成 10 年）の改正により法律名から「管理」の文字が削除されましたが、依然として国の許可・承認、あるいは事後報告が必要な取引は残っています。

2．外為法の目的

　　外為法の目的について、第 1 条で次のように謳っています。

　　「この法律は、外国為替、外国貿易その他の対外取引が自由に行われることを基本とし、対外取引に対し必要最小限の管理又は調整を行うことにより、対外取引の正常な発展並びに我が国又は国際社会の平和及び安全の維持を期し、もって国際収支の均衡及び通貨の安定を図るとともに我が国経済の健全な発展に寄与することを目的とする。」

　　なお、この条文にある「対外取引に対する必要最小限の管理又は調整」には、適法性の確認、本人確認、報告の義務などが該当します。

3. 平時原則自由・有事規制

　外為法では、一部の例外はあるものの、平時における対外取引は自由に行うことができます。しかし、有事の場合は、いわゆる「有事規制」が発動されることが明記されています。　たとえば、外国への支払等については、次のような場合に、有事規制がとられます。

・条約などの国際的約束を履行するため必要な場合、または国際平和のための国際的な要請に応じて、経済制裁などを機動的かつ効果的に実施しうるメカニズムを確保することが必要な場合。

・国際収支の均衡の維持が困難になったり、外国為替相場が急激に変動するなどの特別な事態が生じた場合。

・外為法の確実な実施を図るため必要とされる場合。

　また、金銭の貸借・証券の取得・不動産の取得などの資本取引については、次のいずれかの事態が生じた時に有事規制が発動されます。

・条約などの国際的約束を誠実に実行することを妨げ、または国際平和のための国際的な努力に寄与することを妨げることとなる事態を生じ、外為法の目的を達成することが困難になった場合。

・国際収支の均衡を維持することが困難になった場合。

・外国為替相場に急激な変動をもたらすことになった場合。

・外国との大量の資金移動により、金融市場または資本市場に悪影響を及ぼすことになった場合。

＜日本法人の海外支店等が行う取引で同法令の適用を受けるケース＞

日本法人の海外支店等と外国法人との取引・行為	日本法人の財産や業務に影響する場合は外国為替法令の適用を受ける
同一の日本法人の海外支店間の取引・行為	同　上
日本法人の本店と海外支店との取引・行為	居住者と非居住者との取引・行為として外国為替法令の適用を受ける

98 マネーローンダリングとは？

Q 新聞紙上で、マネーローンダリング（略称、マネロン）という言葉をよく見かけますが、どのようなことなのでしょうか？

A 麻薬取引などの犯罪行為で得た不正な資金を、複数の金融機関の口座間で資金移動したり、多種の金融商品を購入するなどして、資金の出所や所有者を隠蔽し、あたかも合法的な取引で得た資金であるかのように偽装する行為のことです。

<解　説>

1. マネーローンダリングとは

　犯罪などの不正取引から資金を得た者が、資金の出所や真の所有者を隠蔽するために、金融機関の口座に入金したり金融商品を購入したりして、口座から口座へと資金移動を行うことです。つまり、麻薬、賭博、詐欺、汚職、脱税などで得たダーティー・マネーを、あらゆる手段を駆使してホワイト・マネーに洗浄することです。

　犯罪で得た収益は、新たな犯罪の温床になるだけではなく、その収益を利用して経済活動を行うことは、公正な競争の前提を崩し、健全な経済活動に影響を及ぼすことにもなりかねません。新たな犯罪を阻止することで国民の安全と平穏を確保するとともに、経済活動の健全な発展を促すためにも、厳しく取り締まる必要があるのです。

　もちろん、こうした行為は法律などによって禁止されているので、金融機関などは、マネーローンダリング対策に万全の態勢で臨んでいます。たとえば、犯罪収益移転防止法（正式名称は、犯罪による収益の移転防止に関する法律）に基づいて、本人確認などの取引時確認を

徹底しているのも、その一環です。

2. マネーローンダリング防止対策

　現在、マネーローンダリングは巧妙かつ複雑化しているため、世界各国が協調して対応すべき喫緊の課題と言えます。我が国も、マネーローンダリングを防止するための政策を次々に打ち出しています。その1つが犯罪収益移転防止法で、同法は「本人確認などの取引時確認」と「疑わしい取引の届出」の2つを柱に構成されており、平成19年4月1日の施行以降、16次にわたる改正が行われています。

　「本人確認などの取引時確認」の具体的項目は、以下の通りです。

　　①個人の場合：氏名、住所、生年月日、取引を行う目的、職業など
　　②法人の場合：名称・本店または主たる事務所の所在地、代表者等
　　　の本人特定事項、取引を行う目的、事業内容など

　もう1つの「疑わしい取引の届出」ですが、これはマネーローンダリング等の一定の重大犯罪に係る犯罪収益の隠匿等を行っている疑いがある場合に、金融機関等が疑わしい取引として財務大臣等の所管行政庁あてに届出を行うことを義務付ける規定です。

　国際機関としては、FATF（FINANCIAL ACTION TASK FORCE）が1989年に設立されています。事務局は経済協力開発機構（OECD）事務局内にありますが、組織的には独立した別個の組織です。

＜FATFの主な活動＞

①マネーローンダリング対策及びテロ資金対策に関する国際基準（FATF勧告）の策定及び見直し
②FATF参加国（地域）相互間におけるFATF勧告の遵守状況の監視（相互審査）
③FATF非参加国（地域）に対する、マネーローンダリング対策及びテロ資金対策推進のための支援活動
　※2000年からはマネーローンダリング対策に非協力的な国・地域を「非協力国」として特定・公表し、是正措置を求めています。

99 タックスヘイブンとは？

Q 税金の話題で、タックスヘイブン（Tax Haven）という言葉がよく出てきますが、どのような意味なのでしょうか？

A タックスヘイブンとは、法人税などの税率を意図的に低く、もしくはゼロにしている国や地域のことで、租税回避地と呼ばれています。節税と脱税の間のグレーゾーンにあると言えます。

＜解　説＞

1. タックスヘイブンとは

　法人税や所得税などの税金が、ゼロか極めて低い国や地域のことをいいます。一言でいうと、租税回避地（Haven：避難地、避難所）のことで、税金天国（Heaven：天国）ではありません。

　タックスヘイブンは、小さな島国など産業が発達していない国が、国際物流の拠点になることによって、経済的に自立できるようにすることを目的に創設されました。貿易の拠点になることによって、定期的に寄港する船乗りなどが外貨を消費すれば、経済活動が活発化すると考えたわけです。つまり、当初の考えられたタックスヘイブン税制の適用業種は、物流センターだったのです。

　しかし、現在は、そうした利用価値は忘れさられ、害悪の温床になっています。設置地域は、カリブ海や欧州に多く、特に有名なのが英国領のケイマン諸島やバージン諸島です。低税率と金融情報の秘匿を売りに、外国資本に子会社やファンドを設立してもらい、そこから登録料収入などを得ています。脱税や薬物犯罪資金のローンダリング（洗浄）、テロ資金の隠匿、マネーゲームなど、あらゆる脱税の温床になっ

ており、金融危機を引き起こす要因とも言われています。

　実際、2008年のリーマンショックの引き金になったのは、投資家がタックスヘイブンにヘッジファンドを設立するなどして、世界中から集めた巨額な資金をハイリスク・ハイリターンのマネーゲーム（債券・株式・為替・商品など）につぎ込んだためでした。

2.　タックスヘイブンは必要不可欠な存在

　ほかにもグーグルやアップル、アマゾンなどのグローバル企業が、税率の低い国や地域に設立した子会社を使って税負担を免れたとして、英国やフランスなどで批判が強まりました。また、スターバックスは、タックスヘイブン税制の批判を浴び、2013年からの2年間、イギリスに対して合計2,000万ポンドの法人税を納めています。

　もはやタックスヘイブンは必要不可欠な存在といえますが、各国当局も手をこまぬいているわけではありません。いわゆるタックスヘイブン対策税制を整備するなど、さまざまな対抗策を打ち出していますが、いまのところ根絶には程遠い状況です。

　また、一部のタックスヘイブンは、マフィアや第三国からの資金が大量に流入するなど、いわゆるマネーローンダリング（資金洗浄）の温床になっていると指摘されています。2008年の世界金融危機の際、取引実態が不明瞭なこうした資金の損失額が、状況を悪化させる要因になったと非難されたのは、記憶に新しいところです。

＜タックスヘイブンの仕組み＞

第 10 章

資産運用の心得

100 資産運用方法

Q 日本銀行のマイナス金利政策によって、預貯金にほとんど金利がつかない時代になりました。資産を形成するには、どのように運用すればよいのでしょうか？

A 長期投資と分散投資が有効です。国内外の株式や債券などの伝統的資産に加えて、不動産投資信託（REIT）や金（ゴールド）などに分散し、中長期にわたって投資するべきです。

<解 説>
1. 投機、投資、資産運用の違い

　投機は、確かではないが、当たれば大きな利益を得られることを狙った行為です。チャンスをうかがい、タイミングを計って売買することで、短期に大きな利益を追求します。もちろん、見誤れば大きな損失を被ることになります。

　投資は、企業の資本にお金を投じる行為で、「よくお金を稼ぎ、配当が多い企業に資金を投じる」ことで利益を得ます。そのため投機に比べて、通常期間は長くなります。

　資産運用は、将来の資産形成を考えながら目標を立て、さまざまな投資対象を組み合わせ、リスクを分散して長期運用を行う行為のことです。これをポートフォリオ運用と言い、こうすることで信用リスクや為替リスク、カントリーリスクなどを分散させます。将来の資産形成が目的なので、当然ですが期間は長期になります。

　このように投機、投資、資産運用は目的が全く違うので、「今の自分がするべきことは何か」を十分考えて資金を投じることが重要です。

いずれにしても、国内外の株式や債券、投資信託など、さまざまな投資対象を組み合わせ、リスクを軽減させることが重要なポイントです。

2. 人生100年時代の資産運用

　金融庁の報告書に端を発した、いわゆる老後2,000万円問題によって、いま資産運用・形成に人々の関心が高まっています。どうしたら安心して暮らせる2,000万円を確保できるのか。少なくとも銀行などに円建ての預貯金をしても、お金は増えません。では、どのようにして、お金を増やせばよいのでしょうか？

＜高齢夫婦無職世帯の家計収支―2017年―＞

実収入　209,198円

社会保障給付　191,880円 91.7%　／　その他 8.3%　／　不足分 54,519円

可処分所得　180,958円

消費支出　235,477円

| 非消費支出 28,240円 | 食料 27.4% | 住居 5.8% | 家具・家事用品 8.2%（4.0%） | 保健医療 6.6% | 交通・通信 11.7% | 教育 教養娯楽 10.6%（0.0%） | その他の消費支出 22.9%（うち交際費 11.6%） |

光熱・水道　　被服及び履物（2.8%）

（注）　1　高齢夫婦無職世帯とは、夫65歳以上、妻60歳以上の夫婦のみの無職世帯です。
　　　　2　図中の「社会保障給付」及び「その他」の割合（％）は、実収入に占める割合です。
　　　　3　図中の「食料」から「その他の消費支出」までの割合（％）は、消費支出に占める割合です。

　そのためには、以下の金融リテラシーを身につける。つまり、自分で資産を作り上げる力を身につける必要があります。しかも、急激なデジタル化の進展により、世界規模でグローバル化が進む現在、全世界を網羅した国際金融リテラシーを学ぶ必要があります。

　金融投資商品を大きく分けると、債券、株式、為替の３つになりま

すが、ここでは投資信託とコモディティー（商品）を加えることにします。これまで日本人の資金運用と言えば、銀行などに預貯金することを指しましたが、ここでは国内外の国債や社債、株式にとどまらず、オフィスビルなどの不動産を対象にした REIT（不動産投資信託）、金（ゴールド）などのコモディティーまで広げた分散資産を検討します。こうすることで、種類だけでなく、期間の分散も図るわけです。

つまり、短期（1 年以内）、中期（1 年超～）、長期（10 年超～）の3 つの財布を持つことになります。ただし、基本はあくまでも中長期の分散投資で、コツコツと積み立てることがベースになります。いずれにしても、一日も早く国際金融のリテラシーを身に着け、速やかに投資運用を始めることが、今お金を貯める最善の方法なのです。

もちろん年金などの公的資金がありますが、今後予想される給付水準に鑑みれば、生活するために必要な最低限の資金でしかありません。老後の楽しみやゆとりある生活を望むのであれば、自助努力は避けられない時代なのです。今や人生 100 年の時代です。少しでも長くゆとりある老後を過ごすためには、職業寿命を延ばしつつ、若いうちから自助努力による資産形成に取り組むことが極めて重要です。そのためも、まずは本書で国際金融リテラシーを学び、そのうえで債券や株式、為替、投資信託などの投資に取り組むことをお勧めします。

3. 資産運用を始めるにあたって

若い方には、積立定期預金（銀行などの預金）やつみたて NISA、純金積み立てなどの積立投資に取り組むことを推奨します。資産形成のためには、とにかく投資を続けることが大事だからです。その際のポイントは、給与からの天引きや自動積立といった知らぬ間に購入し続ける仕組みを作ることです。たとえば、つみたて NISA なら税の優遇制度も受けられます。たとえ月々の投資のお金が少額であっても、年数を重ねれば大きな資産となり、税の優遇措置も受けられるのです。

　もちろん、日々の節約がベストですが、それだけではストレスが溜まってしまいます。浪費癖がついては困りますが、ある程度の節制ができれば大丈夫です。イソップ童話のキリギリスでは困りますが、ある程度、アリの精神を持てば将来の不安は取り除けるはずです。

4．具体的な手法

　最後に、筆者の経験に基づくベターな資産運用方法を書き添えることにします。1つ目のポイントは、身近なところから始めることです。たとえば、通勤で利用している電車やバスの陸運株、ほぼ毎日のように食べているカップラーメンの食品株、愛車（四輪、二輪）の輸送用機器株、一度は行ってみたい憧れのカントリーの国債、海外旅行で使ったことのある通貨の外貨預金、永遠に輝き続ける金（ゴールド）等々に、余裕資金を長期そして分散投資することです。人間は、身近な事象には敏感に反応し、興味を持てるものなのです。

　2つ目は、外貨建ての場合、為替リスクに留意する必要があるということです。たとえば、外貨預金、FX、外貨建て保険、外債などの外貨建ての資産運用商品には、必ず為替相場変動リスク（いわゆる為替リスク）があるので、特に円高傾向や円高進行の予兆には十分留意する必要があります。

　3つ目は、プロフェッショナルを活用することです。初めて資産運用プランを立てるときは、誰もが不安を感じるはずです。であれば、プロは、そのために存在するわけですから、気軽に相談してみてください。取引のある銀行や証券会社、生命保険会社などの担当者、あるいは相談窓口を訪ねてみるのもよいと思います。

　4つ目は、基本は、あくまで長期投資と分散投資だということです。日々の値動きに右往左往せずに、腰を据えてじっくりと運用に取り組む。そして、一時的な値下がりに耐えられるように国内外の株式や債券など、値動きの異なる複数の資産に幅広く投資を行うことです。

MEMO

＜著者略歴＞

大村　博（おおむら　ひろし）
FX ソリューションズ代表（外国為替コンサルタント）。1948 年静岡県生まれ。1971 年一橋大学法学部卒業。同年富士銀行（現みずほ銀行）入社。主に外国為替業務を担当し、営業店サポートおよび社内外の研修を行う。2013 年みずほ銀行退社。名城大学法科大学院講師、みずほ総合研究所講師等を歴任。
主な著書：『外為エッセンシャルシリーズⅠ　外国為替』『外為エッセンシャルシリーズⅡ　外為渉外』『外為エッセンシャルシリーズⅢ　外為辞典』（以上、金融財政事情研究会）、『国際業務サポートのための外為取引トレーニング』（ビジネス教育出版社）など。

Q&A でサクサクわかる　金融の世界

2020 年 10 月 10 日　初版第 1 刷発行

著　者　　大　村　　　博

発行者　　中　野　進　介

発行所　株式会社　ビジネス教育出版社

〒102-0074　東京都千代田区九段南 4-7-13
TEL 03(3221)5361(代表) ／FAX 03(3222)7878
E-mail▶info@bks.co.jp URL▶https://www.bks.co.jp

印刷・製本／壮光舎印刷㈱　　装丁／㈱クラップス
落丁・乱丁はお取り替えします

ISBN978-4-8283-0826-5